Mönchgut

Rolf Reinicke

Mönchgut

Zauber einer
Rügenlandschaft

Konrad Reich Verlag
Rostock

Das Foto auf dem Einband zeigt den Südteil Mönchguts:
im Vordergrund die Ortschaft Groß Zicker; in der Mitte des Bildes
Klein Zicker; links das Gebiet von Thießow.

Copyright © 1992
by Konrad Reich Verlag Rostock
1. Auflage 1992
Ausstattung: Rudolf Grüttner
Farbreproduktion: Hansoh-Lithos
Seoul, Rep. of Korea
Gesamtherstellung: Clausen & Bosse, Leck
Printed in Germany
ISBN 3-86167-047-X

Inhalt

Bildteil
Die Halbinsel Klein Zicker
Die Halbinsel Groß Zicker
Die Halbinsel Alt Reddevitz
Zwischen Südperd
und Lobber Ort
Zwischen Nordperd
und Schafberg
Die Baaber Heide
und ihr Hinterland

Zum Geleit 🐝

Mönchgut, die bizarre Halbinsel im Südosten Rügens, ist die vielfältigste Landschaft dieses Eilands. Wanderer, die an einem klaren Tag das erste Mal die sanften Grashügel des Großen Zicker hinaufgehen, haben möglicherweise den Eindruck, einen Berg zu besteigen. Immer schöner wird die Aussicht, immer abwechslungsreicher zeigt sich die nähere und weitere Umgebung. Oben angelangt, liegen den Angekommenen wirklich Land und Meer zu Füßen. Der Blick reicht weit über die Ostsee, über die Pommersche Bucht und den Greifswalder Bodden. Am Horizont im Süden zeichnet sich flach die Küste des Festlandes ab, sogar die Türme von Greifswald sind noch erkennbar. Weiter südöstlich erhebt sich die Steilküste der Insel Usedom mit dem auffallenden Streckelsberg. Bei besonders klarer Sicht gelingt es vielleicht sogar, die Anhöhen der Insel Wollin auszumachen. Im Osten, viel näher, die Silhouette einer kleineren Insel, langgestreckt und mit einem hohen Leuchtturm – die Greifswalder Oie –, das »Helgoland der Ostsee«. Im Norden wird der Ausblick von den bewaldeten Höhenrücken der Granitz begrenzt. Südwestlich und westlich erstreckt sich schließlich das große Rund des Greifswalder Boddens, der mit seinen Armen tief in jene Halbinsel eingreift, von der aus der Wanderer gerade weit in die Ferne blickt – Mönchgut.

Hier durchdringen Wasser und Land einander so innig wie an keiner anderen Stelle der Rügenschen Küste. Halbinseln und Buchten, flaches Weideland und kuppige Hügelketten, breite Sandstrände und hochaufragende Steilufer prägen diese Landschaft im äußersten Südosten der größten deutschen Insel. Durch den »Mönchgraben« zwischen Baabe und Sellin ist die Halbinsel scharf von den übrigen Gebieten Rügens abgegrenzt. Mönchgut birgt eine ungewöhnlich reichhaltige landschaftliche Vielfalt. All das, was anderswo für sich allein bewundert wird, findet sich hier eng beieinander – prächtige Buchenwälder und harzduftende Kiefernheide, weite Salzwiesen und breite Schilfgürtel, stille Boddenufer und belebte Badestrände.

Die besondere Ausstrahlung dieser Landschaft liegt nicht allein im Reiz einer ursprünglichen Natur. Mönchgut stellt eine uralte Kulturlandschaft dar. Die ihr eigene strukturelle Vielfalt hat ihren Ursprung auch und gerade in der jahrhundertelangen intensiven, aber sorgsamen Nutzung der Landschaft durch den Menschen. Daher fügen sich die kleinen Dörfer der Fischer und Bauern so überaus harmonisch in das Ganze ein. Und es wird deutlich spürbar, daß sich noch heute die meisten der Einheimischen eng der Tradition dieser Landschaft verbunden fühlen.

Die landschaftliche Vielfalt und Schönheit Mönchguts gilt längst als entdeckt. Seit Jahrzehnten blüht hier der Fremdenverkehr, strömen im Sommer die Urlauber auf die kleine Halbinsel. Doch überwiegend zieht es die Touristen an die Sonnenstrände und in die Badeorte. Daher finden speziell interessierte Urlauber und Touristen an anderen Stellen noch heute Ursprünglichkeit und Stille. Naturfreunde sind begeistert von der außerordentlich artenreichen Flora und Fauna, den abwechslungsreichen Wäldern und Hainen, der formenreichen Küste und den Zeugnissen der Erdgeschichte. Jeder aufgeschlossene Besucher kann etwas vom Zauber dieser einmaligen Rügenlandschaft verspüren, die einst Besitz der Mönche des Klosters Eldena war und dadurch ihren Namen bekam. Ein wenig von alledem möchte dieses Buch vermitteln.

I Von Gletschern angehäuft 🦎

Schon beim ersten Blick von einem der zahlreichen Aussichtspunkte auf die reich gegliederte Halbinsel zeigt sich, daß die Mönchgutlandschaft eine auffallende Zweiteilung besitzt: Zwischen den herausragenden »Hochgebieten« der Hügelketten – beispielsweise denen von Göhren, Groß Zicker oder Thießow – erstrecken sich die nur wenig über dem Meeresspiegel liegenden, ebenen Flächen der »Niederungen« – wie die um den Lobber See, um die Zickerniß oder die der Baaber Heide. Ebenso unterschiedlich wie diese beiden Grundformen der Landschaftsoberfläche selbst stellt sich deren Entstehungsgeschichte dar: Alle Hügel wurden von eiszeitlichen Gletschern und Schmelzwässern aufgeschüttet. Die Ebenen dagegen sind Bauwerke des Meeres, die erst viel später entstanden.

Zusammen mit weiten Regionen im nördlichen Mitteleuropa erhielten auch Rügen und Mönchgut erst während der Eiszeit ihre landschaftliche Prägung.

Was ereignete sich damals?

Mehrfach schoben sich im Verlaufe der vergangenen 500000 Jahre gewaltige Inlandeismassen von Skandinavien her über das gesamte Küstengebiet der Ostsee nach Süden. Dabei wurde das hier ursprünglich vorhandene Relief der Oberfläche, die Berge, Hügel und Täler, von den Gletschermassen so gründlich glattgehobelt, daß nichts mehr davon übrigblieb. Dafür hinterließ das Eis im norddeutschen Raum eine Dutzende Meter dicke Schicht von Lockermassen, die sogenannten Moränen. Sie bestehen sowohl aus Material, welches durch das Eis vom Norden her mitgeschleppt wurde, wie auch aus solchem, welches das Eis vom Untergrund abhobelte. Bemerkenswerte Bestandteile aller Moränen sind die Geschiebe, jene Gesteinsbrocken unterschiedlichster Größe, die vom Eis mitgeschoben wurden. Die größten von ihnen heißen landläufig »Findlinge«.

Auf den Hügeln und an den Steilufern Mönchguts findet der geologisch Interessierte zwei Arten eiszeitlicher Moränen vor: Grundmoränen und Endmoränen. Die Grundmoränen entstanden – wie der Name es besagt – am Grunde des Eises. Dort bildete sich eine Schicht aus dunkelgrau oder graugrün gefärbtem Geschiebemergel. Als Mergel wird allgemein ein Gemisch aus Ton und Kalk bezeichnet. Geschiebemergel enthält darüber hinaus größere Mengen von Sand, Kies und Geschieben. Verwittert der Geschiebemergel, so wird er zu intensiv bräunlich oder ockergelb gefärbtem Geschiebelehm. Beide Lockergesteinsarten sind an den boddenseitigen Steilufern Mönchguts besonders gut aufgeschlossen sichtbar: so im südlichen Abschnitt des Reddevitzer Höfts, wo Geschiebelehm über Geschiebemergel liegt. Als nahezu »klassischer« Geschiebelehm-Aufschluß gilt das gelbbraune Kliff am Südufer des Kleinen Zicker. Die flachwelligen Geschiebelehmflächen ergeben ein sehr fruchtbares Ackerland. Solche Äcker gibt es hauptsächlich nördlich von Middelhagen und Mariendorf sowie im östlichen Teil der Halbinsel Alt Reddevitz.

Alle deutlich hervortretenden Höhenzüge Mönchguts sind aber keine Grundmoränen, sondern Endmoränen. Sie bildeten sich am Ende – am Rande – des Eises. Die dort ausgeschmolzenen Lockermassen, Sand, Kies und Geröll, häuften sich in Form von Hügeln oder Wällen vor der Gletscherfront an. Mitunter schob sich der Gletscher wenig später nochmals etwas nach vorn und stauchte die eben abgelagerte Endmoräne zusammen. Auf diese Weise entstanden Stauchendmoränen, in die manchmal sogar Geschiebemergel aus dem Untergrund eingequetscht wurde. Im Inneren einer solchen Stauchendmoräne bildete sich deshalb ein verwirrendes Durcheinander verschiedener Ablagerungen, so wie es an den Steilufern des Zickerschen Höftes oder am Göhrener Südstrand gut zu beobachten ist. Alle jene besonders hervortretenden Höhenzüge Mönchguts sind solche Stauchendmoränen: jeweils die höchsten Teile des Großen Zicker, des Kleinen Zicker und des Hochgebietes von Göhren/Alt Reddevitz. Weil diese Endmoränengebiete meist einen sandigen Untergrund haben, ist hier die Bodenfruchtbarkeit recht gering. Vielfach wachsen auf den Flächen heute Gehölze oder Trockenrasen, der eigentlich nur als Schafweide taugt. Manche der dortigen Äcker zählen zu den »Grenzertragsböden«, auf denen in trockenen Sommern selbst Roggen nur kniehoch gedeiht.

Sämtliche eiszeitlichen Ablagerungen und Reliefformen, die sich auf Mönchgut unmittelbar an der Oberfläche befinden – Grundmoränen wie Endmoränen – entstammen der sogenannten Weichselvereisung, die schon vor etwa 75 000 Jahren begann, sie sind aber interessanterweise jünger als die in den meisten anderen Regionen an der südlichen Ostseeküste. Die eigentliche Landschaftsgeschichte begann auf Mönchgut nämlich erst mit dem Finale dieses letzten großen Eisvorstoßes. Als Folge einer raschen Klimaerwärmung schmolz das Eis der Weichselkaltzeit, das vorher viel weiter nach Süden vorgedrungen war, damals recht rasch und flächenhaft ab. Längst wuchsen in den eisfreien Gebieten wieder Wälder. Da kam es vor etwa 13 000 Jahren zu einem letzten Gletschervorstoß von Nordosten her, aus dem Ostseeraum, in das heutige Küstengebiet. Dieser sogenannte Nordrügensche Eisvorstoß erfaßte auch das Gebiet von Mönchgut. Einzelne Gletscherzungen schoben sich aus dem Gebiet der heutigen Pommerschen Bucht nach Westen vor und prägten dabei die Grundformen der Landschaft. An der Basis wirkten die Eiszungen teilweise ausschürfend. Dadurch wurden drei langgestreckte Senken ausgehöhlt: die Senken der Having und der Baaber Heide, der Hagenschen Wiek mit dem Lobber See sowie die des Zicker Sees. An anderer Stelle stauchte das Eis die bereits vorher vorhandenen eiszeitlichen Ablagerungen zusammen. Die Schmelzwässer schütteten vor dem Eisrand umfangreiche Locker-

massen auf. So entstanden die »Hochgebiete« der Endmoränen. Das Ganze dauerte etwa ein Jahrtausend.

Vor etwa 12 000 Jahren war das Eis soweit abgeschmolzen, daß es außer Sichtweite der Halbinsel lag. Nach dem Versiegen der Schmelzwasserströme erstreckte sich hier eine ursprüngliche Moränenlandschaft – ganz ähnlich wie an anderen Stellen im norddeutschen Raum mit Eichenmischwäldern, vielen Seen, Tümpeln und kleineren Wasserläufen. Von der Ostsee jedoch war weit und breit noch nichts zu sehen. So blieb es einige Jahrtausende lang. Inzwischen besiedelten unsere steinzeitlichen Vorfahren das Gebiet, gingen hier auf die Jagd oder fingen Fische.

9

II Von Meer und Bodden geformt 🌿

Vor etwa 7000 Jahren schob sich das Meer langsam gegen den heutigen vorpommerschen Küstenraum vor. Ursache dafür war der weltweite nacheiszeitliche Anstieg des Meeresspiegels. Er führte auch zur Überflutung der tiefer gelegenen Gebiete an der Küste der damaligen Ostsee (Litorinameer). So drang nun das Meer in alle Senken rings um die heutige Halbinsel Möchgut ein. Die Pommersche Bucht und der Greifswalder Bodden entstanden. Daneben überspülte das Wasser außerdem die Senken zwischen den Moränenhügeln des Mönchguter Raumes. Dabei bildete sich hier, südöstlich des Kerngebietes der Insel Rügen, ein regelrechter Archipel mit mehreren dicht beieinander liegenden kleinen Inseln: der langgestreckten Insel des Gebietes von Göhren/Alt Reddevitz, der Insel von Lobbe, den Inseln Groß Zicker und Klein Zicker sowie der Insel Thießow.

Vor etwa 5000 Jahren hatte das Meer ungefähr seinen heutigen Pegel erreicht. Die eben entstandenen Inseln, deren heutige Hochgebiete sogenannte »Inselkerne« darstellen, besaßen damals aber noch eine andere Form als heute. Vom Zeitpunkt ihrer Entstehung an vollzog sich ja auch an ihren Ufern der Küstenausgleich. Seither arbeitet das Meer un-unterbrochen an den Steilufern, trägt ab, verfrachtet das abgetragene Lockermaterial und schüttet es an anderer Stelle wieder auf. An den ungeschützten Steilufern der Außenküste von Mönchgut ergibt sich noch heute ein jährlicher »Küstenrückversatz« von etwa 30 Zentimetern. Demnach müßten diese Ufer seit der Bildung der Inseln um rund eineinhalb

Kilometer zurückgewichen sein. Vermutlich ist es zeitweise sogar zu einer wesentlich stärkeren Abtragung gekommen. Die Inselkerne waren also vor 5000 Jahren mit Sicherheit noch erheblich größer als heute. So dürften die Inseln von Lobbe und Thießow mindestens die doppelte Ausdehnung gegenüber der heutigen Größe besessen haben. Einen Eindruck von früherer Küstendynamik vermitteln auch noch in der Gegenwart die bewachsenen Steilhänge der einstigen »aktiven Kliffs«, wie sie zum Beispiel am Nordrand des Göhren/Alt Reddevitzer Inselkernes im Wald westlich von Göhren und am Südufer der Having zu beobachten sind.

Das von den Steilufern abgetragene Lockermaterial wurde nun von der See zuerst in die Meeresarme geschüttet, die die Inseln voneinander trennten. Dadurch verflachten sie an manchen Stellen stark. Das geschah vor allen Dingen in der unmittelbaren Verlängerung der Steilufer. Dort entstanden zuerst breite Sandbänke. Auf diesen Sandplatten schüttete das Meer bei starken Stürmen aus Sand und Kies sogenannte Strandwälle auf. Die von den Inselkernen ausgehenden, langgestreckten Wälle ragten bereits über dem Meeresspiegel. Aus mehreren solcher Strandwälle aufgebaut, wuchs schließlich ein Sandhaken in den Meeresarm hinein. Solche Sandhaken in Miniaturform gibt es noch heute am Zicker See zwischen Großem und Kleinem Zicker.

Erreichte ein Sandhaken durch fortgesetztes Wachstum schließlich die gegenüberliegende Insel oder wuchs er mit einem ihm entgegenkommenden Sandhaken zusammen, so entstand eine landfeste Verbindung zwischen zwei Inseln – eine Nehrung. Die einstigen Inseln wurden im Laufe der Zeit durch solche Nehrungen zur geschlossenen Halbinsel Mönchgut zusammengefügt. Diese Bauwerke des Meeres erstrecken sich heute als »Niederungen« zwischen allen Inselkernen: der Lange Strand zwischen Lobber und Thießower Inselkern, der »Haken« zwischen den Inselkernen von Klein Zicker und Thießow, die Strandwallebene zwischen Göhren und Lobbe. Auch die Baaber Heide, die großflächigste und breiteste aller dieser Sandaufschüttungen, hat sich so gebildet. Sie verbindet den Inselkern

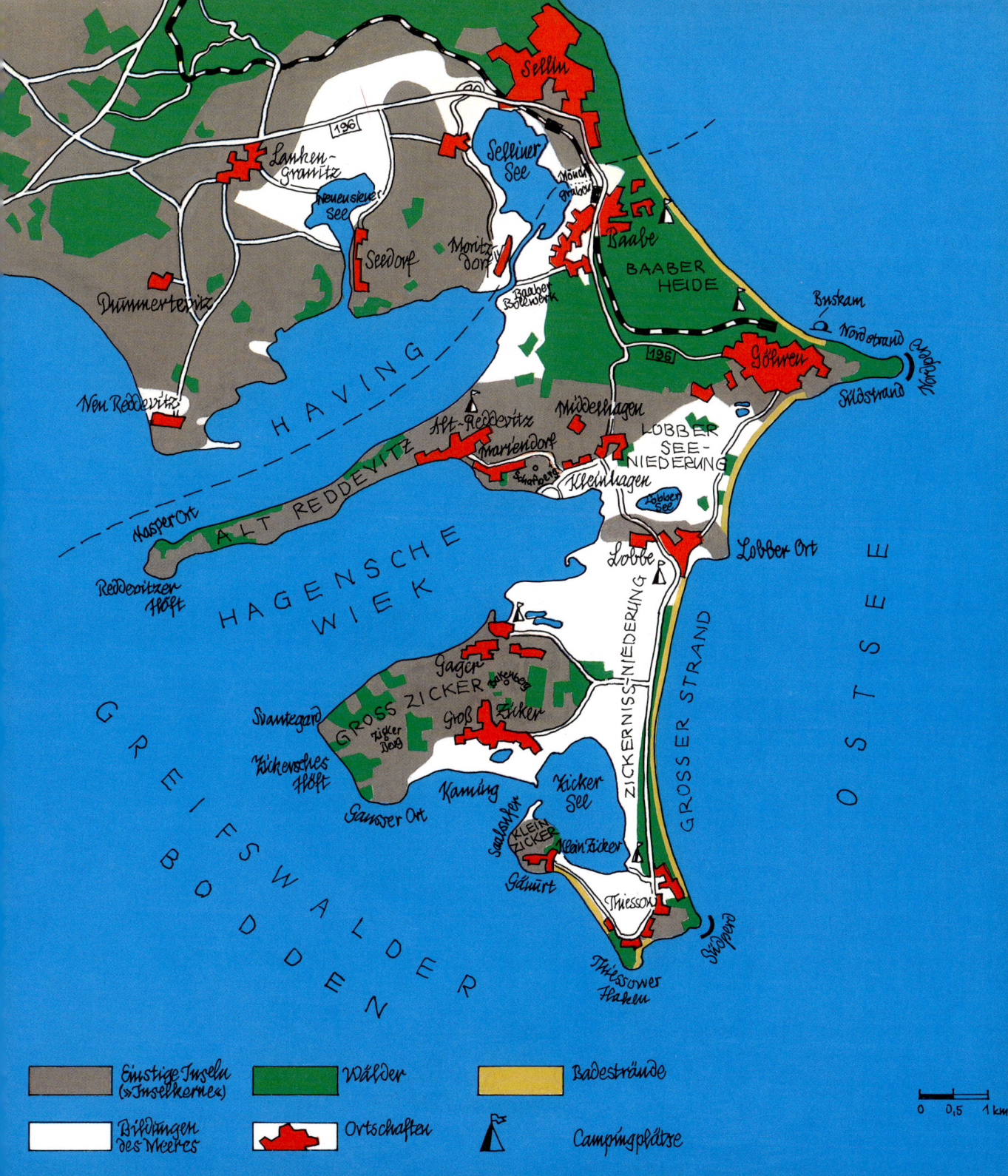

Sellin

Lanken-gramitz

196

Selliner See

Mönchgraben

Baabe

BAABER HEIDE

Buskam

Nordstrand

Neuensiener See

Moritzdorf

Baaber Bollwerk

Göhren

Südstrand

Seedorf

Dummertevitz

Neu Reddevitz

196

HAVING

Alt-Reddevitz

Mariendorf

Schafberg

Middelhagen

Kleinhagen

LOBBER SEE-NIEDERUNG

Lobber See

Kasper Ort

ALT REDDEVITZ

Reddevitzer Höft

HAGENSCHE WIEK

Lobbe

Lobber Ort

Jager

Zicker Berg

Bakenberg

GROSS ZICKER

Groß Zicker

ZICKERNISS-NIEDERUNG

GROSSER STRAND

Svantegard

Zicker Berg

Zickersches Höft

Kaming

Kicker See

OSTSEE

Gansser Ort

Saalucker

KLEIN ZICKER

Klein Zicker

Gänirt

Thiessow

GREIFSWALDER BODDEN

Thiessower Haken

Stejnord

von Göhren/Alt Reddevitz mit dem Endmoränenzug der Granitz und so mit dem übrigen Teil der Insel Rügen. Möglicherweise bestand eine Zeit lang sogar ein großes, nehrungsartiges Gebilde, das vom Thießower Haken aus nach Süden über die Insel Ruden zum Peenemünder Haken hin verlief. In diesen Gewässern an der Grenze zwischen Greifswalder Bodden und Pommerscher Bucht liegt die sogenannte Boddenrandschwelle mit nur sehr geringen Wassertiefen. Angeblich wurde die landfeste Verbindung zwischen Rügen und Usedom bei einem besonders schweren Sturmhochwasser zerstört – während der »Allerheiligenflut« des Jahres 1304.

Erst vor ungefähr 3000 Jahren war es also möglich, die Halbinsel Mönchgut weitgehend trockenen Fußes vom Norden nach Süden zu durchqueren. Das Meer arbeitete aber weiterhin an ihren Ufern. Nun lagerte es den Sand, der von den Kliffs abgetragen wurde, vor den Nehrungen als breite Strände ab. Von dort trieb der Wind den Sand landeinwärts und häufte ihn zu Dünen an. Das geschah besonders im Gebiet der Baaber Heide. Dort legte sich im Laufe der vergangenen drei Jahrtausende eine fast kilometerbreite Sandfläche mit bis zu zehn Meter hohen Dünen seeseitig vor die einst nur schmale Nehrung. Wer heute durch die Baaber Heide wandert, wird diese Dünenhügel auf großen Flächen und auch fern vom Strand mitten im Kiefernwald finden.

Doch nicht nur an der Außenküste unterlagen die Ufer der einstigen Inseln und der späteren Halbinsel fortlaufenden Veränderungen. Auch an der Boddenküste kam es zu Abtragung und Anlandung, besonders an den weit vorspringenden Höften von Groß Zicker und Alt Reddevitz sowie am Westufer des Kleinen Zicker ist ein erheblicher Küstenrückversatz nachzuweisen. Ein Teil des hier abgetragenen Materials wurde vom Wasser nur wenig weiter im Bereich flacher, stiller Uferzonen in Form von Strandwällen ausgeworfen. Es entstanden kleine, flache »Höftländer«, so das Höftland etwas östlich des Kasper Ortes am Reddevitzer Höft oder das am Gänurt auf Klein Zicker. Feiner Sand gelangte mit den Strömungen außerdem in die Buchten der Ha-

ving, der Hagenschen Wiek und des Zicker Sees. Dadurch bildeten sich beispielsweise die feuchten Strandwiesen südlich der Ortschaft Groß Zicker, am Rande der Zickerniß-Niederung und am Ostufer der Having.

Heute haben sich auf Mönchgut die küstenverändernden Vorgänge – auch durch das Zutun des Menschen – an vielen Stellen verlangsamt. Doch noch immer kann der aufmerksame Beobachter an manchen Ufern Zeuge einer beeindruckenden Küstendynamik sein.

III An Außenstrand und Boddenufern 🦌

Breite Sandstrände an der Außenküste, rauschende Schilfwälder am Bodden, abwechslungsreiche Steilufer an den Höften – für viele Einheimische und Besucher sind gerade diese Merkmale charakteristisch für Mönchgut. Denn die insgesamt nur etwa 28 Quadratkilometer große Halbinsel (3,5 Prozent der Gesamtfläche Rügens) verfügt immerhin über eine Uferlänge von fast 50 Kilometern (über 12 Prozent der Küstenlänge Rügens). Die unmittelbaren Strandbereiche der Halbinsel unterliegen einer besonders interessanten Dynamik.

Mönchguts Badestrände – der Große Strand zwischen Lobbe und Thießow, der Göhrener Südstrand und der Strand zwischen Baabe und Göhren vor der Baaber Heide – sind bei Urlaubern und Einwohnern überaus beliebt. So feinkörnigen, sauberen Sand, so sauberes Wasser haben nur wenige Badeorte zu bieten. Aber mancher Sommerurlauber, der diese Strände zufällig einmal im Winter sieht, mag schon erschrocken sein – wie schmal und steinig sie an mancher Stelle nun geworden sind. Doch im darauffolgenden Frühsommer zeigen die Strände meist wieder ihre gewohnte Breite. Dieses offensichtliche Phänomen von breitem »Sommerstrand« und schmalem »Winterstrand« hat seine Ursache in den besonderen Wetter- und Strömungsverhältnissen der jeweiligen Jahreszeit. Die Stürme im Herbst und Winter tragen den Strandsand ab und deponieren ihn, unweit des Ufers, auf den Sandriffen im flachen Wasser. Während der Frühlingsstürme, die aus entgegengesetzter Richtung kommen, trägt das Meer

den Sand zurück zum Ufer und lagert ihn, sozusagen frisch gewaschen, wieder am Strande ab.

Die Außenstrände Mönchguts zeigen nach Osten. Weil an der vorpommerschen Küste die meisten Stürme aus westlicher Richtung kommen, ist hier nur selten etwas von der Gewalt des Meeres spürbar. Wenn aber tatsächlich einmal ein Nordoststurm gegen die Außenküste der Halbinsel tobt, so trifft er sie oft mit besonderer Härte. Denn vor Mönchgut liegen, auf gerader Linie nach Nordosten, fast 1000 Kilometer freie See. Durch diese für den Ostseeraum ungewöhnlich große »Windwirklänge« können sich besonders hohe Wellen herausbilden. Außerordentlich gefürchtet sind solche Nordoststürme, wenn sie unmittelbar auf langandauernde Westwinde folgen, durch die das Wasser der Ostsee im Finnischen und Bottnischen Meerbusen angestaut worden ist. Dann verstärkt der Sturm den Rückstrom des Wassers. Bei einem so entstehenden »Sturmhochwasser« kann der Wasserstand bis zu 2,50 Meter über dem Normalwert liegen – wie beispielsweise in Thießow bei dem verheerenden Sturmhochwasser zu Silvester des Jahres 1904.

Bei besonders schweren Sturmhochwassern ist nicht nur die Gefahr der Überflutung von flachen Gebieten Mönchguts gegeben, dann sind gerade auch die Steilufer an der Außenküste bedroht. Die Hochufer am Nordperd, Lobber Ort und Südperd bestehen zu wesentlichen Teilen aus lockeren Sanden, die dem anstürmenden Wasser kaum Widerstand entgegensetzen. Nach einem Sturmhochwasser zeugen an den ungeschützten Stellen oftmals die abgestürzten, auf dem Strand liegenden Bäume vom Zerstörungswerk des Meeres. Weil gerade diese markanten Vorsprünge so rasch abgetragen wurden, sind Nordperd und Südperd schon zu Anfang unseres Jahrhunderts mit gewaltigen Steinwällen versehen worden. Dadurch gelang es zwar, die Abtragung der dahinter liegenden Steilufer zu unterbinden, seitdem aber trägt das Meer an anderer Stelle ab.

So verlor beispielsweise das Nordperd, das markante Ostkap der Insel Rügen, seither nichts mehr an Länge, aber dafür wurde es erheblich schmaler, weil an seinen südlich und nördlich gelegenen Flanken beachtliche Landverluste zu verzeichnen sind. Natürlich könnte nun die gesamte Steilküste durch Steinmauern geschützt werden. Die vorhersehbare Wirkung eines solchen Küstenschutzes wäre aber fatal: Dann würde das Wasser mit Sicherheit seinen Hunger an den Sandstränden stillen. Und weil der Sandnachschub für die Strände eben von den Steilufern kommt, müssen diese notgedrungen der natürlichen Küstendynamik »geopfert« werden.

Nach langjährigen Beobachtungen und Messungen haben Wissenschaftler erkannt, daß es heute an der Mönchguter Außenküste keinen Uferzuwachs mehr gibt. Nur an den Sandstränden vor der Baaber Heide und am Thießower Südstrand scheint gegenwärtig noch ein Gleichgewicht von Abtragung und Anlandung zu herrschen. Doch alle anderen ungeschützten Uferzonen, so auch der bei den Urlaubern überaus beliebte Große Strand, werden ganz langsam zurückgeschnitten. Die Ursachen dafür sind einerseits in einem ganz langsamen Anstieg des Ostseespiegels, andererseits in den Störungen der natürlichen Küstendynamik durch den Menschen zu sehen – beispielsweise eben im Bau der großen Uferschutzmauern oder in den (inzwischen vom Rost zerfressenen) Stahlspundwänden vor dem Lobber Ort.

An allen Abschnitten der Flachküste zwischen Baabe und Thießow liegt hinter dem Strand ein überwiegend mit Strandhafer bewachsener Dünenwall. Einst gab es an seiner Stelle vom Wind aufgewehte, also natürlich entstandene, ungleichmäßige Dünenhügel. Von ihnen trug früher das Meer bei Sturmhochwasser immer etwas Sand ab, der dann später vom Wind wieder angeweht wurde. Manchmal allerdings durchbrach die See sogar die Dünen und überflutete das dahinter liegende, flache Land. Daher hat auch hier der Mensch eingegriffen, hat die Dünen mit der Planierraupe umgeformt und neu bepflanzt. Dieser einheitliche Dünenwall mit seinen in regelmäßigen Abständen angelegten Strandzugängen bildet heute einen wichtigen Hochwasserschutz. Für die Urlauber ist er längst zu einer natürlichen Gegebenheit der Landschaft geworden. An

vielen Stellen hat die Natur selbst schon für charakteristischen Pflanzenwuchs gesorgt.

So zerstörend Sturm und Hochwasser auf die Küste wirken, so interessant sind die Dinge, die man hinterher am Ufer finden kann. Der Wanderer und Besucher, der nach einem Nordost vor Göhren oder Lobbe an den Strand kommt, kann manchmal Einheimische bei emsiger Tätigkeit am Spülsaum oder sogar im flachen Wasser beobachten. Bald begreift man deren Tun. Hier wird nach Bernstein gesucht. Dieses verfestigte Harz braunkohlenzeitlicher Nadelbäume wird bei Stürmen aus den Ufern herausgespült oder vom Meeresgrund aufgewirbelt. Es kann dann vom Wasser sogar über größere Entfernungen entlang der Küste verfrachtet werden. Flaut der Sturm ab, so werfen die Wellen den Bernstein zusammen mit dem »Rollholz«, mit Holzstückchen, Miesmuschelschalen, groben Tangresten und anderen Materialien, an ganz bestimmten Stellen auf den Strand. Hier gilt es nun, zum rechten Zeitpunkt »vor Ort« zu sein. Deshalb forschen manche Bernsteinsucher sogar zu mitternächtlicher Stunde mit der Taschenlampe im schwarzen Angespül nach dem »Gold des Nordens«. Ein großer Teil des bernsteinhaltigen Rollholzes wird jedoch gar nicht am Ufer ausgeworfen, sondern treibt nach dem Sturm im ufernahen Flachwasser. Daher lohnt es hier manchmal, nach Bernstein zu fischen. In Ölzeug gehüllt und mit langstieligen Keschern bewaffnet, wagen sich Einheimische sogar mitten im Winter ins eisige Wasser. Gerade am Göhrener Nordstrand wurden auf diese Weise schon große Mengen schöner Stücke gefunden. Das beweisen kiloschwere Exemplare im Mönchguter Heimatmuseum und in einigen Göhrener Wohnzimmervitrinen. Dem Urlauber bleibt bei alledem nur die Nachlese, die aber durchaus lohnend sein kann. Dort, wo das sturmgepeitschte Meer an den Steilufern genagt hat, bleibt hinterher nur das Gröbste zurück, was das Wasser nicht wegtragen konnte. Dazu gehören auch die vielen Geschiebe. Diese oft zentnerschweren Gesteinsbrocken bedecken den Strand an manchen Stellen vor den aktiven Kliffs am Göhrener Nord- und Südstrand und vor dem Lobber Ort. Manchmal findet sich darunter ein besonders großes Exemplar, ein Findling, wie der am Lobber Ort mit seinen fast 50 Tonnen Gewicht. Viel gewaltiger ist der »Buskam«, der zweitgrößte aller dieser Findlinge an der ganzen südlichen Ostseeküste. Er wurde wahrscheinlich schon zur Zeit der slawischen Besiedlung vor etwa 1000 Jahren aus dem Steilufer herausgewaschen. Heute liegt dieser Stein ungefähr 300 Meter vom Ufer des Görener Nordstrandes entfernt im dort etwa sechs Meter tiefen Wasser. Bei normalem Wasserstand ragt er etwa einen Meter über den Meeresspiegel. Der »Buskam« besitzt die Dimension eines Einfamilienhauses. Er soll über 1600 Tonnen wiegen. Vom Strand aus ist er gut erkennbar. Einen rechten Eindruck von den ungewöhnlichen Ausmaßen dieses gewaltigen Gesteinsbrockens aus skandinavischem Gneis bekommt allerdings nur der Tauchsportler.

Strände mit Findlingen und Geschieben gibt es nicht nur an der Mönchguter Außenküste, sondern auch an den abwechslungsreichen Boddenufern. Die westexponierten Steilufer der Halbinseln Groß Zicker, Klein Zicker und Alt Reddevitz tragen sogar die Spuren einer fortlaufenden Zerstörung und Abtragung. Eigentlich sollte man meinen, daß ein so flaches Randgewässer der Ostsee wie der Greifswalder Bodden gar nicht über derart gewaltige Kräfte verfügt, um Steilufer zu zerstören. Doch rund 20 Kilometer freies Wasser nach Westen hin reichen offensichtlich aus, daß sich auf dem Bodden bei den häufigen Stürmen aus dieser Richtung ein beachtlicher Wellengang bilden kann. Schon bei geringfügig erhöhtem Wasserstand arbeitet dann das Boddenwasser am Steilufer. Bei Strandwanderungen um die Höfte herum kann es selbst mitten im Hochsommer vorkommen, daß der Strand plötzlich überflutet ist. Der Strand vor dem südlichen Steilufer am Reddevitzer Höft gilt in dieser Hinsicht sogar als einer derjenigen Strände an der deutschen Ostseeküste, die am häufigsten unter Wasser stehen.

Dort, wo die Steilufer an den Höften überwiegend aus Sand bestehen, setzen sie dem Wasser nur geringen Widerstand entgegen. Wird am Fuße des Kliffs Sand herausgespült, so rutschen von oben Lockermassen nach, oft mit dem gesamten Bewuchs. Daher gibt es an manchen Hängen stufenförmige, bewachsene Absätze. Härtere Mergeleinlagerungen bleiben dagegen als herausragende Rippen oder Vorsprünge stehen. Um sie herum muß der Wanderer am Strand dann einen Bogen machen. Je unterschiedlicher das »Baumaterial«, umso vielfältiger erscheint auch das Ufer. Ein Paradebeispiel dafür ist das Zickersche Höft.

Ganz anders sieht es am Südufer des Reddevitzer Höftes oder des Kleinen Zicker aus. Dort gibt es zwar nicht so hohe, dafür aber auffallend senkrechte Kliffe mit glatten Wänden, vor denen sich ein schmaler, steiniger Strand erstreckt. Diese Steilufer bestehen nur aus Mergel oder Lehm. Hier findet das Wasser viel größeren Widerstand als bei lockerem Sand. So können die anstürmenden Wellen kaum etwas abtragen. Daher bleiben diese Steilufer oft über viele Monate, manchmal sogar ein oder zwei Jahre lang weitgehend unverändert. Sobald aber im Winter anhaltender Frost herrscht, gefriert das Grundwasser in den reichlich vorhandenen feinen Rissen und Spalten im Inneren des Kliffs. Dadurch werden die Steilufer regelrecht auseinandergesprengt. Manchmal reichen zwei oder drei Wochen mit strengem Nachtfrost. Anschließend ist das Ufer nicht wiederzuerkennen: Überall sind große Stücke herausgebrochen oder abgerutscht. An manchen Stellen sieht es wirklich so aus, als wäre gesprengt worden. Mergel oder Lehm wurden gelockert. Nun kann das Wasser problemlos all das aufarbeiten und wegtragen, was auf den Strand gestürzt ist. Und dazu benötigt es oft nur wenige Wochen: in der Regel werden die Abbruchmassen bereits während der Frühlingsstürme »weggeräumt«, und das Kliff ist wieder »geglättet«. Wandert der Urlauber im darauffolgenden Sommer – so wie im Jahr zuvor – auf demselben schmalen Fußpfad an der Kante des Steilufers entlang, so ahnt er nicht, was hier im Laufe einiger Winter- und Frühlingsmonate geschah. Er wundert sich nur, daß der Pfad stellenweise fehlt.

Nach den Stürmen bleibt auch hier nur das vom Wasser herausgespülte Geröll, also Geschiebe, zurück. Und gerade an den Höften lohnt es sich, diesem Geschiebestrand einmal etwas mehr Aufmerksamkeit zu widmen. Dazu eignen sich am besten trübe Tage mit leichtem Nieselregen, weil gerade dann die feuchten Gesteine ihre stille Schönheit, ihre so überaus verschiedenen Farben und Strukturen zeigen. Von den eiszeitlichen Gletschern wurde eine verwirrende Vielfalt ganz unterschiedlicher Gesteinsarten zusammengetragen: rötlicher Granit und grauer Gneis aus Schweden, violetter Porphyr aus Norwegen, Kalkstein von Öland, Sandstein aus Finnland... Dazwischen überall die schwarzen Feuersteine mit ihrer weißlichen Rinde. Sie stammen aus den Kreideablagerungen ganz in der Nähe. Aufmerksame Sammler und Kenner finden noch mehr Interessantes: versteinerte Seeigel und Donnerkeile, rötliche Kalksteine mit gekammerten Schalenresten von Kopffüßern, braune Sandsteine mit hellen Muschelschalen. So mancher interessante Fossilienfund großer und kleiner Sammlungen stammt vom Geschiebestrand vor den Höften.

Auf den vor Wind und Wellen geschützten Nordseiten der drei Halbinseln ändert sich das Landschaftsbild. Hier sind die Steilufer bewaldet. Im tieferen Teil der Buchten ist auch der Strand teilweise mit Gras oder Schilf bewachsen. An manchen Stellen erstreckt sich heute vor dem Steilhang eine Strandwiese auf einer einst vom Meer aufgeschütteten Sandfläche. Auch wenn der Wasserstand bei Sturm einmal weit über Normal liegt, hier richtet der Bodden keinen Schaden mehr an. Im innersten Teil der Buchten der Having, der Hagenschen Wiek und des Zicker Sees säumen schließlich Schilfwälder die flachen, sumpfigen Uferzonen der Niederungen, von denen ein großer Teil eingedeicht wurde. An manchen Boddendeichen führt – wie zwischen Lobbe und Gager – sogar ein Fußpfad entlang. Somit kann sich der Urlauber und Einheimische auch diesen Abschnitt der landschaftlich überaus abwechslungsreichen Boddenufer Mönchguts erschließen.

IV Kiefernheide, Buchenwald und Trockenrasenhügel

Alle Besucher, die nach Mönchgut kommen und von Baabe aus weiter nach Süden gelangen wollen, durchqueren anfangs einen ganz »normalen« Kiefernwald – das Gebiet der Baaber Heide. Sie bildet mit knapp zwei Quadratkilometern Fläche das größte geschlossene Waldgebiet der Halbinsel. Von der Fernstraße ist zunächst nichts Besonderes zu entdecken. Und auch von den weiträumigen Zeltplätzen auf der Strandseite des Waldes aus bemerkt man kaum, daß es sich hier nicht um einen gewöhnlichen Kiefernforst handelt. An manchen Stellen genügt es aber schon, wenige Schritte in den Wald hinein zu gehen, um die Entdeckung zu machen, daß auf den einstigen Dünenhügeln unter den Kiefern und Birken vielfach abwechslungsreiche Untergehölze, Wacholderbüsche, Adlerfarndickichte, Blaubeeren und Heidekraut wachsen. An manchen Flecken schaut der blanke Sand hervor, andere Dünenhügel sind dagegen dick mit Moos bedeckt. Passionierte Pilzsammler wissen, daß die Baaber Heide zu den pilzreichsten Wäldern auf Rügen gehört. Doch nur wenige Gäste und auch nur wenige der Bewohner ahnen auf den ersten Blick etwas von der Landschaftsgeschichte dieses von Meer und Wind aufgeschütteten Sandgebietes. Dessen einstmals prächtige Naturwälder wurden im Mittelalter allesamt gerodet. Was übrig blieb, war eine offene Landschaft, großflächig mit Heidekraut und anderen Zwergsträuchern bewachsen, dazwischen einzelne Kiefern, Birken und Wacholdersäulen. Ungehemmt konnte der Wind über den flachen Landstreifen zwischen Meer und Bodden stürmen. Dadurch bildeten sich an manchen Stellen sogar Wanderdünen. Erst in der Mitte des vergangenen Jahrhunderts wurde das ganze Gebiet mit Kiefern aufgeforstet.

Westlich der Fernstraße gibt es keine Dünenhügel im Heidewald, der dort sumpfig und unwegsam wird, bewachsen mit Unterholzdickicht und von wasserführenden Gräben durchzogen. Schließlich herrscht an dem boddenseitigen Waldrand der Baaber Heide weites ebenes Grasland vor.

Weiter nach Süden zu erhebt sich plötzlich ein stellenweise über 30 Meter hoher, steiler Hang, das einstige Steilufer der Ostsee, der hier eine scharfe Grenze zwischen dem Kiefernwald des Sandgebietes und dem Laubwald des Inselkernes bildet. Nun überrascht die Landschaft mit einem völlig anderen Charakter. Buchen und Eichen beherrschen einen prächtigen Hochwald, der heute auf dem ehemaligen Strand und dem einstigen Kliff wächst. Dieser Wald setzt sich teilweise auf dem Moränenrücken fort. Er erstreckt sich als schmaler Streifen vom Nordperd aus nördlich an Göhren vorbei in Richtung zur Halbinsel Alt Reddevitz. An einigen Stellen des Waldbodens blühen hier im Frühling Buschwindröschen, Leberblümchen und Himmelschlüssel in großer Zahl. Zu den besonderen Mönchgut-Erlebnissen gehört es aber auch, an einem sonnigen Tag durch den herbstlich gefärbten Laubwald zu wandern. Nur wenige Schritte vom westlichen Rand des Ortes Göhren entfernt, ragt inmitten dieses Waldes der 58 Meter hohe Plansberg empor. Dort steht eine hölzerne Aussichtsplattform. Von hier aus erkennt man eindrucksvoll, wie sehr sich der Wald des Inselkernes von dem der Baaber Heide unterscheidet.

Ein anderer bemerkenswerter Aussichtspunkt befindet sich am »Speckbusch«, einem mit alten Bäumen bestandenen Hügelgrab, einige Meter neben der doppeltürmigen Göhrener Kirche. Über die sanft abfallenden Grashänge des Kirchberges reicht der Blick weit nach Süden und Westen. Von hier ist der ganze südliche Teil der Halbinsel am besten zu überschauen. Unmittelbar am Fuße des Hügels beginnen die Wiesen der Niederung um den Lobber See, dessen Wasserfläche von einem dichten Schilf-

gürtel gesäumt wird. Früher nahm der See ein bedeutend größeres Areal ein. Doch um den Wasserspiegel abzusenken und die Moor- und Sumpfgebiete ringsum trockenzulegen, arbeitet schon seit der Jahrhundertwende ein Schöpfwerk. Zu dessen Antrieb diente lange Zeit eine Windturbine, die, vor wenigen Jahren restauriert, als technisches Denkmal an der Straße von Middelhagen nach Lobbe steht. Inzwischen sind weite Teile dieses großflächigen Feuchtgebietes melioriert und in Grasland umgewandelt worden. Noch heute rasten im Frühling und Herbst tausende von Gänsen und Enten, Rallen und Kiebitzen auf und um den Lobber See und erinnern so an das frühere Wasservogelparadies.

Eine landschaftliche Besonderheit ganz anderer Art bilden die Trockenrasenhügel nördlich des Dorfes Alt Reddevitz. Dort wachsen die größten Bestände von Besenginster auf der Insel Rügen. Es ist schon ein einzigartiges Naturschauspiel, wenn die vielen Hundert Ginstersträucher um die Junimitte herum prallgelb in Blüte stehen, belagert von einem Meer von Hummeln. Allerdings wird man nicht in jedem Frühling eine gleich üppige goldene Blütenpracht erleben. Sie fällt viel bescheidener aus, wenn in einem strengen Winter mit langandauernder Kälte der Besenginster teilweise erfror. Diese Ginsterhänge wurden als »Flächennaturdenkmal Ginsterheide Alt Reddevitz« unter Schutz gestellt, so daß sich der unmittelbar daneben liegende Campingplatz nicht auf dieses Gebiet ausdehnen kann.

Die größten und fruchtbarsten Äcker Mönchguts erstrecken sich nördlich von Middelhagen und auf der schmalen Halbinsel Alt Reddevitz. Auf dem Geschiebelehm der Grundmoränenfläche wachsen hier, im Gegensatz zu den mageren Böden im übrigen Teil der Region, so anspruchsvolle Kulturen wie Weizen und Zuckerrüben, Mais oder Raps. Auch wenn heute diese gesamte Ackerfläche so stark »flurbereinigt« wurde, daß es gegenwärtig praktisch nur noch drei oder vier größere Schläge gibt, so nehmen sie doch längst nicht jene Dimension an wie in anderen Gebieten Rügens. Das reich gegliederte Umfeld mildert den anderswo oft trostlosen Eindruck der Feldlandschaft. Und es scheint, als stiegen über diesen Feldern besonders viele Lerchen jubilierend in den Frühlingshimmel.

Das steile Nordufer der wie ein langer Finger in den Greifswalder Bodden hineinreichenden Halbinsel Alt Reddevitz ist fast überall bewaldet. So ganz unseren herkömmlichen Vorstellungen von Wald entspricht dieser schmale Gehölzstreifen, der bis zum Reddevitzer Höft verläuft, allerdings nicht. Dort wachsen nämlich nicht nur zahlreiche Arten der sonst in den Wäldern üblichen Laubbäume wie Rot- und Hainbuche, Eiche, Birke, Esche und Espe sondern auch Weiden, Linden und Kastanien sowie eine Menge stattlicher Vogelkirsch-, Wildapfel- und Wildbirnenbäume. Deren weiße Blütenpracht strahlt im Mai überall inmitten des ersten zarten Grüns. Weil einige Stellen an diesen Steilhängen sandig und trocken, andere dagegen durch Quellaustritte naß und sumpfig sind, zeigen auch das teilweise undurchdringliche Unterholz und die Bodenflora eine große Vielfalt. So blühen mancherorts nicht nur Anemonen, Primeln, Sumpfdotterblumen und Lerchensporn, sondern hier und da sogar verwilderte Schneeglöckchen. Wie an vielen anderen Stellen auf Mönchgut, begegnet man auch in diesem Hangwald keiner ursprünglichen, unveränderten Natur mehr. Hier haben wir vom Menschen stark beeinflußte und veränderte Lebensräume vor uns, die dann einer natürlichen Entwicklung überlassen wurden und so ihre eigenwillige Schönheit entfalten konnten.

Während der nördliche, hügelige Teil des eigentlichen Höfts mit solchem abwechslungsreichen Wald oder mit dornigem Strauchwerk bedeckt ist, reicht an seiner flachen Südseite der fruchtbare Akker bis an die Kante des Kliffs. Das an vielen Stellen von der Abtragung betroffene steile Südufer der Halbinsel Alt Reddevitz trägt nur stellenweise Büsche und Bäume. In den flacheren Uferzonen zum inneren Teil der Hagenschen Wiek hin ändert sich dann wiederum das Bild. Verlandung herrscht vor, und es wächst ein schmaler Schilfgürtel. Längs des Ufers führt »de lange Wech« vom Höft zurück zum Dorf Alt Reddevitz. Etwas südlich davon ist schon von weither der hell leuchtende, sandige Steilhang

des »Witte Bargs« erkennbar. Er bildet zusammen mit dem etwas höheren Schafberg (34 m) einen kleinen, aber auffallenden Hügelzug. Fast überall wächst Magerrasen, und fast das ganze Jahr über sind hier Schafe angepflockt, die diesen Rasen kurzhalten. So trägt der Hügel, von dem aus man eine besonders schöne Rundsicht hat, offensichtlich den rechten Namen. Im Süden baut sich über der Hagenschen Wiek Mönchguts markantester Höhenrücken auf – der Große Zicker.

Der von vielen Naturfreunden, Einheimischen und Urlaubern geliebte Große Zicker bildet sicher den Höhepunkt der in ihrer Vielfalt und Schönheit insgesamt überreichen Mönchgutlandschaft. Mit je 66 Metern Höhe markieren der Bakenberg im Osten und der Zickerberg im Westen den höchsten Moränenrücken des ganzen Gebietes. Eine große Zahl von Kuppen und Kämmen, Senken und Tälern verleiht dem Höhenzug ein ungewöhnlich bewegtes Relief, das besonders gut zur Geltung kommt, weil der Zicker heute kaum noch bewaldet ist.

Von den ursprünglichen dichten Laubwäldern, die den Zicker einst ganz und gar bedeckten, findet sich heute kaum noch eine Spur. Die Waldungen waren wohl schon im Mittelalter verschwunden. Selbst die geringen Reste von Wald am Zickerschen Höft zeugen von der intensiven Nutzung des »Landes Zicker«. Diese Bauernwälder mußten Bau- und Brennstoff, Material für Boote und Fischereigerät liefern, in ihnen fanden Haustiere ihre Waldweide. Seit Jahrzehnten sich selbst überlassen, entwickelte sich hier ein lockerer Baumbestand mit vielfältigem Unterholz und reicher Bodenflora, ein lichter Laubwald von eigenwilliger Schönheit. Im Frühling blühen hier Leberblümchen und Buschwindröschen, Lungenkraut, Himmelschlüssel und Maiglöckchen.

Über Jahrhunderte dienten die entwaldeten Hügel und Täler als »Hutungen«, als Weideland. Nur an einigen Stellen versuchten Fischerbauern, dem kargen Sandboden Erträge abzugewinnen. Heute wächst auf weiten Flächen des Zicker kurzer Trockenrasen. Einzelne Bäume und Büsche, Gehölzgruppen und kleine Wäldchen sind darauf in unverwechselbarer Weise gruppiert. Da steht einsam ein uralter Weißdorn auf niedrigem Hügel, dort ducken sich drei knorrige Kiefern in eine Senke. Einige Hänge sind bewachsen mit mannshohem, undurchdringlichen Dickicht aus Weiß- und Schlehdorn, Heckenrosen und Brombeergestrüpp. Dazwischen manchmal Holunder und Sanddorn, seltener Pfaffenhütchen. Stellenweise überrankt die Waldrebe das Ganze und läßt so perfekten Unterschlupf entstehen für Singvögel und anderes Kleingetier. Die weißen Stämme einer kleinen Birkengruppe leuchten herüber. Dunkel steht eine dicht gewachsene Kiefernplantage. An anderer Stelle gibt es eine Lärchenschonung. All das haben Menschen entweder gepflanzt oder inzwischen als Bewuchs einer einstigen Nutzfläche geduldet.

Die Wanderer, die sich die Höhen des Großen Zicker erschließen, werden – rund um das Jahr – immer aufs Neue fasziniert sein. Da sind nicht nur die Weite der Landschaft, die immer wechselnden Ausblicke auf Halbinseln, Meer und Bodden, sondern auch der Wandel der Natur in den Jahreszeiten. Wirklich kahl und karg, aber ganz und gar nicht trostlos erscheinen die Trockenrasen eigentlich nur im schneelosen Winter und im zeitigen Frühjahr. Kaum anderswo jedoch blühen dann im Frühling Weiß- und Schlehdorn, Wildbirnen und Vogelkirschen so üppig wie hier. Aus allen Gebüschen schallt dann der Gesang des Sprossers, der »pommerschen Nachtigall«. Und auf einigen der dann noch farblosen Hänge erscheinen plötzlich die gelben Tupfer der Himmelschlüssel.

Im Frühsommer entfalten sich nach regenreichen Tagen überall auf den Hängen zwischen den Gräsern die blühenden Stauden in faszinierender Üppigkeit. Violett blühen Thymian und Dost, golden Johanniskraut und Hahnenfuß, reinweiß Steinbrech und Labkraut, blau die Glockenblumen und Wegwarte. Alles nicht etwa gleichmäßig verstreut, sondern abwechslungsreich nur hier und da fleckenhaft wachsend. Dazwischen entdeckt man so manche, anderwärts längst verschwundene botanische Rarität. Und überall die rosa Blütenkügelchen der Grasnelken. An warmen sonnigen Tagen liegt über der

Blütenpracht ein unbeschreiblich würzig-lieblicher Duft. Das Zirpen der Feldgrillen und die vielen Schmetterlingsarten zeigen offensichtlich, wie reich hier das Insektenleben noch ist. Auf den kleinen Feldern und Brachen westlich des Dorfes Groß Zicker kann man etwa zur gleichen Zeit die üppige Blüte der Acker-Wildkräuter erleben – Klatschmohn, Kornblumen, Natternkopf, Feld-Rittersporn, Kamille und Wucherblume.

Später im Jahr weicht das Grün langsam einem sandfarbenen Gelb. Die Gräser beginnen zu trocknen und auszusamen. An heißen Spätsommertagen, wenn die Luft flimmernd über den Gagerschen Höhen steht, glaubt man sich hier in eine asiatische Steppe versetzt. Nun wird der Begriff »Trockenrasenhügel« für jeden verständlich. Selbst dann aber blühen an einigen Stellen die gelben Sandstrohblumen, Golddisteln und der Rainfarn. Der Herbst bringt noch einmal ein Feuerwerk an Farben zustande, denn ebenso verschiedenartig wie die Laubgehölze selbst sind, ist auch ihre Laubfärbung. Wildbirnen- und Vogelkirschbäume, Espen und Ahorn, aber auch das Brombeergestrüpp übertreffen dabei wohl die übrigen an Farbintensität. Überall von den Sträuchern leuchten rot die »Mehlkörbchen« des Weißdorns, die Hagebutten, Pfaffenhütchen und Ebereschenbeeren. Oft hält diese Farbenpracht bis lange in den November hinein, denn der Herbst bleibt hier auf Mönchgut länger als auf dem Festland.

Beim Anblick der Schafherden auf dem Zicker mag die Frage entstehen, ob nicht zuviel von der einmalig-seltenen Flora abgeweidet wird, an der man sich so sehr erfreut. Doch ohne Schafe sähen die Hügel bald ganz anders aus. In kurzer Zeit wären sie von Gestrüpp und einigen wenigen widerstandsfähigen Staudenarten bedeckt. Diese vom Menschen gestaltete Kulturlandschaft kann in ihrer Schönheit und Vielfalt nur dann bestehen, wenn sie auch weiterhin so genutzt, also beweidet wird, wie bisher. So gehören die »Pfennigsucher« nicht nur zum Bild dieser einmaligen Landschaft, sie sorgen auch für deren Erhalt.

Nach Süden zur Kaming hin erstreckt sich auf

dem Großen Zicker eine weitläufige Strandwiese, die zwar eingedeicht, aber noch nicht völlig entwässert wurde. Daher können an dem verbliebenen Rest eines Strandsees noch heute die Lachmöwen und in den feuchten Wiesen die anderswo schon selten gewordenen Kiebitze brüten. So wie die Having und die Hagensche Wiek werden auch die Kaming und der Zicker See mit ihren Uferzonen und den dort liegenden beiden kleinen Sandhaken von vielen Wasservögeln als Futter- und Rastplatz bevorzugt. Am meisten fallen die Höckerschwäne auf, die sich hier fast das ganze Jahr über in unterschiedlich großer Zahl aufhalten. Zu ihnen stellen sich als Wintergäste oft die etwas grazileren Singschwäne ein, deren melodisch-klagender Ruf weithin ertönt. Beide Sandhaken sind ab und zu so dicht mit Möwen besetzt, daß sie von weitem ganz weiß erscheinen. Vor allem rasten hier die stattlichen Silbermöwen und die wesentlich kleineren, schwarzköpfigen Lachmöwen; manchmal auch Sturmmöwen und die riesigen Heringsmöwen mit ihren auffallend schwarzen Flügeldecken. Zu den größeren Vögeln gesellen sich hier und da kleinere Watvögel wie Alpenstrandläufer oder Knutts. Selbst einzelne Exemplare des schwarz-weiß gefiederten Austernfischers, dessen langer Schnabel ebenso leuchtend rot gefärbt ist wie seine Beine, suchen dort den sandigen Strand nach Nahrung ab. Solange kein Eis die Gewässer überzieht, haben auf der Having und dem Zicker See tausende von Enten und Rallen ihr Winterquartier. Dauergäste an den Gewässern rings um Mönchgut sind die Kormorane. Deren schwarze Gestalten bekommt man am besten auf den Pfählen der vielen Reusen zu Gesicht.

Trockenrasenhänge und abwechslungsreiche Gehölze prägen auch das Bild der Halbinsel Klein Zicker, die kaum ein Zehntel der Fläche von Groß Zicker einnimmt. Ein schmaler Pfad führt von den Häusern des Fischerdorfes hinauf auf den höchsten Punkt des Endmoränenhügels. Obwohl die Erhebung nur eine Höhe von 38 Metern besitzt, ergibt sich von hier aus eine beeindruckende Rundsicht und ein besonders schöner Blick auf den Höhenzug des Großen Zicker und auf die Umgebung von Thießow. Bei einer Wanderung kann man das kleine Wäldchen an der Ostseite des Höhenrückens durchqueren. Dort sind die Bäume so dicht mit Efeu berankt, wie man es anderswo kaum beobachten kann. Der Weg von Klein Zicker nach Thießow führt über eine flache, sandige Nehrung, genannt »Der Haken«. Auch hier, auf den Reusen- und Ankerplätzen der Fischer, setzt sich der Trockenrasen der Hügel fort, blühen im Frühling üppig die Grasnelken. Am Ufer des Zicker Sees gibt es noch Reste der einst weit verbreiteten »Salzwiesen«, auf denen jene Pflanzen wachsen, die sich dem Salzgehalt des Meerwassers besonders gut angepaßt haben. Die auffälligste dieser »Salzpflanzen« ist die Salz-Aster, deren violette Blütendolden im Spätsommer eine besondere Zierde dieser Wiesen bilden. Leider sind heute durch umfassende Eindeichung und Melioration weite Teile der Niederungen Mönchguts, auf denen einst die artenreichen Salzwiesen ein wertvolles Weideland bildeten, in eintöniges, vom Ertrag her umstrittenes »Saatgrasland« umgewandelt worden.

In der Nähe des heute bewachsenen Steilufers am Lotsenberg bei Thießow fällt ein kleiner, natürlich gewachsener Baumbestand auf. Unter prächtigen Eichen wächst an manchen Stellen dichtes Haselgestrüpp. Ungefähr so könnten die Naturwälder überall auf Mönchgut in jener Zeit ausgesehen haben, als das Meer langsam in dieses Gebiet vordrang. Doch selbst solche kleinen Reste vom Menschen kaum beeinflußter Natur sind selten in dieser eigenwillig schönen Küstenregion. Mönchgut ist eben eine seit vielen Jahrhunderten besonders intensiv genutzte, aber noch nicht verwüstete Kulturlandschaft.

V Über Wind und Wetter

Ein genaues Erleben und Kennenlernen Mönchguts sollten interessierte Besucher nicht unbedingt für den Sommer planen, auf der Halbinsel lassen sich nämlich rund um das Jahr und bei jedem Wetter, ja selbst ohne Sonnenschein, unvergeßliche Eindrücke sammeln. Das liegt auch an der Offenheit dieser Landschaft, an dem besonders weiten Blick, den man von vielen Stellen aus hat, über die Insellandschaft selbst, auf Himmel und Wolken, über die riesigen Wasserflächen.

Auf Mönchgut beginnt der Winter erst spät. Die ausgedehnten Gewässer ringsum kühlen nur langsam ab. Wenn der erste Schnee die Hügel weiß überzieht, sind Meer und Bodden meist noch eisfrei. Zu keiner anderen Zeit des Jahres ergeben sich stärkere Kontraste in der Landschaft als gerade dann – zwischen den schneebedeckten Hängen der in den Bodden reichenden Halbinseln und den tiefdunklen Wasserflächen. Bescheint die tiefstehende Januarsonne diese Szenerie, so kann eine Wanderung über die Höhen des Großen oder Kleinen Zicker zu einer wahren Sternstunde werden. In manchen Wintern schmilzt der Schnee alsbald wieder, und die Gewässer bleiben eisfrei. Dann entsteht der Eindruck, als gehe der Spätherbst kaum merklich in den Vorfrühling über. Setzt aber nach der Jahreswende scharfer Frost ein, so überziehen sich die Seitenarme des Boddens alsbald mit einer dünnen Eisdecke, manchmal innerhalb einer einzigen stillen Winternacht. Wie dick das Eis dann im Laufe des Winters wird, wie weit auch der Bodden oder gar die freie See vereist, dafür lassen sich keinerlei Regeln finden. In strengen Wintern entsteht auf der ganzen riesigen Wasserfläche des Greifswalder Boddens eine geschlossene feste Eisdecke, die bis zu 40 Zentimeter dick werden kann. Selbst Teile der Pommerschen Bucht können dann vereisen.

Sobald das Eis trägt, ziehen einige Fischer hinaus auf die Having, die Hagensche Wiek und den Zicker See, um dort Eisfischerei zu betreiben. Durch mit Eisäxten geschlagene »Waken« ziehen sie Stellnetze unter das Eis. Oft fangen die Fischer mit dieser Methode zentnerweise Hecht, Barsch und Plötz.

Schneefälle sind auf Mönchgut meist mit Wind oder sogar mit Sturm verbunden. Daher kommt es oft zu Schneeverwehungen, von denen Straßen in freien Lagen besonders betroffen werden. Große Schneemassen häufen sich manchmal hinter den Kanten der windabgewandten Steilufer an. Aber der Schnee schmilzt immer schneller als das Eis. Manchmal dauert es bis Ende März oder sogar bis Anfang April, bevor das Eis auf dem Greifswalder Bodden bei den ersten Frühlingsstürmen endlich aufbricht. Wenn ein solcher Sturm aus südwestlicher Richtung dann die Eismassen gegen die Ufer Mönchguts drückt, können vor den Höften fünf bis sechs Meter hohe Packeisberge entstehen. Es kann Wochen dauern, bevor sie restlos abschmelzen. In solchen Eiswintern entgeht den Mönchguter Fischern ein wesentlicher Teil ihres Fanges. Die schon ab Januar oder Februar zum Laichen in den Bodden ziehenden Heringsschwärme wandern nämlich auch unter dem Eis. Doch die Fischer müssen so lange warten, bis alle Eisreste abgeschmolzen sind. Erst dann können Stellnetze oder Reusen zum Einsatz kommen. Ein letztes, über den Bodden treibendes Eisfeld hat schon so manchem vorzeitig ausgesetzten Fanggerät schweren Schaden zugefügt.

Während sich das Festland nach der Schneeschmelze im Vorfrühling rasch erwärmt, bleiben die Gewässer um Mönchgut noch lange Zeit eiskalt. Sie wirken wie ein riesiger Kühlschrank. So blühen an geschützten Stellen, wie im alten Gutspark von Philippshagen, zwar schon die ersten Märzenbecher, doch gegenüber dem vorpommerschen Binnenland gerät die Pflanzenwelt in ihrer Entwicklung bald in einen Rückstand von zwei Wochen. Ende April/ Anfang Mai erwärmt dann die Frühlingssonne mit zunehmender Kraft auch diese Region. Aber selbst dabei bestehen Besonderheiten. Viele der windstillen Morgen mit wolkenlosem Himmel verheißen oft, daß es ein traumhaft schöner Tag werden müßte. Und tatsächlich steigt die Temperatur am Vormittag so rasch an, daß sich mancher Wanderer und Einheimische nach einer günstigen Stelle für das erste Sonnenbad umsehen mag. Plötzlich erkennt man draußen auf der See eine graue Nebelwand, die sich rasch der Küste nähert. Bald wird die ganze Außenküste davon überrollt. Rasch sinkt dort die Temperatur, nicht selten um zehn Grad. Für den Rest des Tages lastet dann dieser eisige Seenebel über der Halbinsel. Erst gegen Abend klart es wieder auf.

Während der »Eisheiligen« im Mai blühen auf Mönchgut meist gerade erst die Schlehen. Bei diesem regelmäßigen Kaltlufteinbruch herrscht oft eine ungewöhnlich gute Sicht. Daher sind gerade diese Tage besonders für Wanderungen zu den Aussichtspunkten zu empfehlen. Unmittelbar danach erwärmt sich die gesamte Küstenregion manchmal derart rasch, daß die Obstbaumblüte nur wenige Tage dauert. So beginnt das Strandleben ab und zu bereits Ende Mai/Anfang Juni. Das Wasser braucht allerdings länger, um sich soweit zu erwärmen, daß auch weniger Abgehärtete ein Bad wagen können. Bringt der Hochsommer, wie oft an der Ostseeküste, kühles Schauerwetter, so scheinen manchmal die Regenwolken einen Bogen um Mönchgut zu machen. Während es über dem Festland und Zentralrügen bewölkt ist, strahlt hier oft die Sonne. Auf Mönchgut fallen tatsächlich die geringsten Niederschläge an der ganzen vorpommerschen Küste. Sind es im Gebiet von Bergen, der zentralen Stadt Rügens, durchschnittlich über 650 Millimeter Niederschlag pro Jahr, so werden im Süden der Halbinsel manchmal weniger als 500 Millimeter gemessen. Und kaum einmal wird es hier drückend heiß, selbst an den wärmsten Hochsommertagen nicht. Immer weht dann eine leichte Brise vom Meer zum Land.

So spät der Frühling kommt, so lange bleibt der Herbst. Wieder sind es die Gewässer ringsum, die

zu dem typischen ausgeglichenen »Inselklima« führen. Kenner der Landschaft bevorzugen für ihre Wanderungen den September, der meist viele klare Tage bringt – und dazu kaum belegte Campingplätze. Der erste Frost läßt erheblich länger auf sich warten als auf dem Festland. Dafür machen sich um so mehr die regelmäßig aus westlichen Richtungen heranziehenden Herbststürme bemerkbar. Sie führen oft zu erheblichen Schwankungen des Wasserstandes in Meer und Bodden. Diese Erscheinung läßt sich das ganze Winterhalbjahr über beobachten. Nach tagelangem Weststurm kommt es zur »Windebbe«. Dann sinkt der Pegel oft um mehr als einen halben Meter, weil Wasser aus dem westlichen Teil der Ostsee in den nordöstlichen gedrückt und dort aufgestaut wird. Läßt der Wind nach, so strömt das Wasser zurück und verursacht erhöhten Wasserstand. Daher staunt so mancher Mönchgutbesucher, daß zu dieser Jahreszeit die Breite des Strandes von Tag zu Tag schwankt, obwohl es ja bekanntermaßen an der Ostsee keine Gezeiten, also weder Ebbe noch Flut, gibt. Gefürchtet sind auf Mönchgut jene seltenen Nordoststürme, die gerade zu dem Zeitpunkt mit voller Gewalt einsetzen, wenn auch das vom Wind im Nordosten angestaute Wasser zurückströmt. Dann kann es ein schweres Sturmhochwasser geben, bei dem der Pegel bis zu zweieinhalb Meter über Normal ansteigt und das Wasser mit großer Gewalt gegen Dünen und Deiche anrennt. Die größte Wahrscheinlichkeit für solche Stürme besteht um die Jahreswende. Doch ebensogut kann es in dieser Zeit fast windstill sein. Denn auch auf Mönchgut gilt die wichtigste aller Regeln für das Wetter: Es läßt sich schlecht voraussagen, und es ändert sich sehr schnell.

VI Das Gut der Mönche

Mit Sicherheit waren es keine Mönche, die jenen Teil Rügens zuerst besiedelten, der, wie sein Name sagt, später zum Eigentum von Glaubensbrüdern wurde. Denn die Besiedlung dieser Landschaft begann bereits zu einer Zeit, in der es weder die Insel Rügen in heutiger Gestalt, noch Mönche gab. Schon vor etwa 8000 Jahren durchstreiften steinzeitliche Jäger und Sammler die Region. Als die Ostsee vor rund 5000 Jahren ihren heutigen Pegel erreicht hatte, begannen die Menschen der Jungsteinzeit auf den gerade entstandenen Inseln an einigen Stellen den Wald zu roden, um dort Ackerbau und Viehzucht zu betreiben. Sicher gingen sie bereits auf Fischfang. Wissenschaftler gehen davon aus, daß die langsam zusammenwachsende Inselgruppe bald relativ dicht besiedelt war. Das beweisen die vielen Funde aus jener Zeit: Feuersteingeräte und Keramikreste. Die meisten stammen von den Höhen des Großen Zikker und vom Inselkern von Göhren / Alt Reddevitz. Eine besondere Sehenswürdigkeit stellt das »Herzogsgrab« dar. Es liegt im Wald der Baaber Heide, unmittelbar vor dem bewaldeten Steilhang des einstigen Kliffs, also auf dem ehemaligen Strand. Am besten erreicht man es auf einem markierten Wanderweg, der dort beginnt, wo die Straße nach Middelhagen von der Bundesstraße 196 abzweigt. Das »Herzogsgrab« ist ein typisches jungsteinzeitliches Großsteingrab. Als Archäologen es ausgruben, fanden sie Tongefäße mit Knochenresten von etwa 40 Personen, Steinbeile, Pfeilspitzen und Perlen. Noch vor reichlich hundert Jahren existierten auf den Höhen von Mönchgut etwa 20 Großsteingrä-

ber. Sie sind aber leider fast alle abgebrochen, weil die großen Steine gern als Baumaterial verwendet wurden.

Aus der Bronzezeit stammen die Hügelgräber, von denen es heute noch sechs kleinere auf dem Großen Zicker gibt. Das eindrucksvollste von ihnen ist der »Speckbusch« an der Göhrener Kirche. Während der Bronzezeit, die vor 3800 Jahren begann, war anscheinend, nach den prähistorischen Funden zu urteilen, die Besiedlung erheblich geringer als in der Steinzeit. Die Historiker nehmen an, daß es bereits vor etwa 3000 Jahren durch wesentlich verstärkte Viehhaltung zu einem ersten ökologischen Konflikt kam. Klimaschwankungen führten in dieser Zeit zu einer langandauernden Trockenperiode. So ließ die Bodenfruchtbarkeit rasch nach. Die Landschaft wurde entwaldet. Etwa seit der Zeitenwende gab es dann, wohl länger als ein halbes Jahrtausend, keine Siedlung mehr auf Mönchgut.

Als das Klima feuchter und kühler wurde, entwickelten sich langsam wieder Wälder auf der Halbinsel. Mit der Völkerwanderung siedelten sich etwa im Zeitraum vor dem Jahr 750 slawische Stämme auf Rügen an. Doch Mönchgut wurde anscheinend gemieden, weil alle in Frage kommenden Siedlungsplätze zu dicht am Wasser lagen und daher von dort aus leicht überfallen werden konnten. So stellte das dünnbesiedelte Gebiet auch für einen der damaligen Landesherren, den Slawenfürsten Jaromar II., wahrscheinlich keinen großen Wert dar. Wohl deshalb verschenkte er das »Land Reddevitz«, den nördlichen Teil der Halbinsel, das inzwischen von deutschen Bauern besiedelt wurde, im Jahre 1249 großzügig an den Adligen Borante von Borantenhagen. Ungeachtet dessen, verkaufte er dasselbe Gebiet drei Jahre später an das Kloster Eldena bei Greifswald. Natürlich kam es zum Streit zwischen dem Landesherrn, dem Beschenkten und dem Käufer. Zwar bestätigte der Nachfolger Jaromars, Fürst Wizlaw' II., dem Kloster ausdrücklich den Besitz. Doch erst 1295 beendete ein Schiedsspruch den Konflikt. Das umstrittene Gebiet zwischen dem Mönchgraben und Lobbe wurde den Mönchen zugesprochen. Im Jahre 1360 konnte das Kloster Eldena durch Kauf auch den südlichen Teil der Halbinsel erwerben. Damit war der »Mönche Gut« komplett. Das Land wurde intensiv genutzt. Wieder mußten die Wälder den Äckern und Weiden weichen. Die Abgaben der Bauern und die Produkte des Klosterhofes im einstigen Hagen (heute Middelhagen) gelangten von hier aus per Schiff, dem damals günstigsten Transportmittel, über den Greifswalder Bodden nach Eldena. Vom übrigen Rügen territorial und politisch weitgehend isoliert, begann schon damals eine eigenständige kulturelle Entwicklung. Als sich im Jahre 1535 in Pommern die Reformation durchsetzt, fällt Mönchgut an das pommersche Herzogshaus. Heute künden nur noch die gewaltigen Backsteinmauern der Ruine des Klosters Eldena bei Greifswald von Macht und Größe der einstigen Eigentümer, die der Landschaft den Namen gaben.

Im Dreißigjährigen Krieg wird Mönchgut geplündert, verwüstet und entvölkert. Schon zu Beginn der sich anschließenden Schwedenzeit (1648–1815) hält auch hier die Leibeigenschaft ihren Einzug. Mehrfach gerät in den folgenden Jahrzehnten die von See aus günstig erreichbare Halbinsel in den Konfliktbereich einander feindlicher Heere. Wieder muß die Bevölkerung unter Plünderungen und Verwüstung leiden. 1810 wird die Leibeigenschaft aufgehoben. 1815 kommt Pommern als Provinz zum Königreich Preußen, das damit zum neuen Grundbesitzer auf Mönchgut wird. Um 1850 können schließlich die Bauern und Büdner den von ihnen bewirtschafteten Grund und Boden vom Staat käuflich erwerben. Das beste Ackerland bleibt bei der königlich-preußischen Domäne Philippshagen.

Langsam wird Mönchgut aus seinem jahrhundertelangen Schattendasein erlöst. Die Forstverwaltung beginnt, die Baaber Heide wieder mit Wald zu bepflanzen. Es entstehen Bauten zum Schutz der Ortschaften vor Hochwasser und zum Schutz der Steilufer vor weiterer Abtragung. Als nach 1870 die ersten Badegäste kommen, erkennen Gäste und Einheimische gleichermaßen, welch einen Schatz diese Landschaft mit ihren breiten Stränden und dem abwechslungsreichen Hinterland darstellt.

VII Von Fischerbauern, Schiffern und Lotsen

Besucher des weithin bekannten Mönchguter Heimatmuseums in Göhren sind immer wieder über die Vielfalt der Zeugnisse ländlicher Kultur und Lebensweise erstaunt, die hier zusammengetragen worden sind. Hausrat, Trachten, Arbeitsgerät und viele andere volkskundlich-kulturgeschichtliche Zeugnisse werden in diesem Museum liebevoll bewahrt. Man fragt sich, weshalb gerade im entlegensten Teil Rügens, der auch zu den ärmsten zählte, eine solche Fülle von Sachzeugen erhalten blieb, die in den meisten anderen Küstenregionen längst verschwunden und vergessen sind. Ursache dafür war sowohl die geographische Isolation dieser Landschaft von den übrigen Teilen Rügens – als auch ihre wirtschaftliche Rückständigkeit. So hielt sich hier Traditionelles bis weit in das 20. Jahrhundert hinein. Oftmals so lange, bis man den Wert dieser Dinge zu schätzen lernte und sie zu sammeln begann. Dem Wirken von Ruth Bahls, der langjährigen Leiterin des Mönchguter Heimatmuseums, und ihrer Mitarbeiter ist es zu verdanken, daß hier materielle Volkskultur aufgehoben wurde, die anderwärts der Zerstörung und Vergessenheit anheimfiel.

Somit sind zahlreiche interessante Einzelheiten über die Lebensweise der auf Mönchgut heimischen Bevölkerung, vor allen Dingen aus der Zeit seit dem Beginn des 19. Jahrhunderts, überliefert. Besonders im Göhrener Museum wird offenkundig, daß viele Mönchguter zu ihrem Broterwerb mehreren Tätigkeiten nachgehen mußten, weil die zumeist kargen Böden der Halbinsel nicht genügend Ertrag brachten. So waren viele der Bewohner gezwungen, neben der Landwirtschaft auch Fischerei zu betreiben. Diese Fischerbauern stellten lange Zeit die weitaus größte Gruppe der Bevölkerung dar. Sowohl die bäuerlichen Tätigkeiten, wie Feldbestellung oder Ernte, als auch die Fischerei, wie etwa der Heringsfang, waren ein »Saisongeschäft«, und konnten daher in der Regel problemlos nacheinander ausgeführt werden. Während es in der Landwirtschaft nur wenig für dieses Gebiet Spezifisches gab, entwickelten sich in der Fischerei auf Mönchgut beachtliche regionale Besonderheiten. Ähnlich wie in einigen anderen Küstenbereichen auf Rügen schlossen sich jeweils bis zu acht Fischerbauern zu einer Fanggemeinschaft, einer »Kommune« oder »Kompanie«, zusammen. Nur so waren die großen Fanggeräte, die Reusen und Zugnetze, zu beschaffen, zu bedienen und zu unterhalten. Während in der Landwirtschaft auch auf Mönchgut längst alles Traditionelle verschwunden ist, haben sich bei den Küstenfischern noch heute diese althergebrachte Gemeinschaftsarbeit und viele altbewährte Technologien erhalten. Jeder Urlauber kann die »Reusenkompanien« beobachten, die mit fünf oder sechs der landschaftstypischen Boote, gezogen von einem kleinen Kutter, auf den Bodden hinausfahren oder mit ihrem Fang von dort zurückkehren.

Neben den Fischerbauern und den ortsansässigen Handwerkern waren »maritime« Berufe, Lotsen und Schiffer, auf Mönchgut weit verbreitet. Der seit jeher viel befahrene Schiffsweg von der Ostsee durch das südlich von Thießow gelegene Landtief in den Greifswalder Bodden hinein und weiter zu den Häfen von Greifswald und Stralsund war reich an Untiefen und deshalb kaum ohne ortskundigen Lotsen passierbar. Die schon um das Jahr 1600 urkundlich erwähnten Lotsendienste wurden früher als lukrative Nebenbeschäftigung betrieben. Der preußische Staat setzte später Einheimische als Beamte dafür ein.

Vom Heimatmuseum und von vielen Mönchguter Familien werden noch heute manche Souvenirs aus der »großen weiten Welt« bewahrt. Sie wurden einst von jenen jungen Männern mitgebracht, die sich nach ihrem Dienst in der preußischen Marine

noch einige Jahre lang auf Segelschiffen, später auch auf Dampfschiffen, anheuern ließen und über die Meere fuhren. Doch auch ganz in der Nähe konnte man sein Geld mit der Seefahrt verdienen. Denn vor der Fertigstellung des Rügendammes im Jahre 1936 mußte ja alles, was von Rügen und Mönchgut zum Festland oder in Gegenrichtung transportiert werden sollte, über den Wasserweg gehen. So waren ständig kleine flache Segelschiffe, sogenannte Schuten, unterwegs zwischen Mönchgut und den Häfen von Greifswald und Stralsund. In Baabe, Kleinhagen und Groß Zicker gab es dazu als Anlegestellen die heute noch in Resten vorhandenen Bollwerke, die sogenannten »Schutenlagen«. Das letzte noch erhaltene dieser vielen kleinen Frachtschiffe, der schon mit einem Glühkopfmotor ausgestattete Motorsegler »Luise«, liegt heute am Göhrener Südstrand als vielbesuchtes Museumsschiff auf Land. Dort werden auch wesentliche Details über die Kultur und Lebensweise der Mönchguter Schiffer vermittelt.

Noch heute fügen sich die Dörfer der Halbinsel überaus harmonisch in die Landschaft ein, selbst wenn an vielen Stellen das Alte rigoros durch Neues ersetzt wurde. Bei jedem Spaziergang durch eines der reizvollen Mönchgut-Dörfer fallen rohrgedeckte Häuser in landschaftstypischer Bauweise auf, alte Scheunen und Ställe, Steinmauern und Bauerngärten, prächtige »Hausbäume«. Viele Häuser stehen heute unter Denkmalschutz, so der »Zuckerhut« in Groß Zicker, das »Rookhuus« in Göhren (heute Museum) und das schöne Niederdeutsche Hallenhaus in Kleinhagen. In allen Boddendörfern befinden sich noch ganze Häuserzeilen in traditioneller Bauweise. Schließlich gibt es in Groß Zicker und Middelhagen aus Feld- und Backstein erbaute gotische Dorfkirchen, klein und gedrungen, ohne die stattlichen Türme wie anderswo. Sie erinnern daran, daß sie zu einer Zeit errichtet wurden, als Mönchgut ein armseliges, vergessenes Fleckchen Erde war – und nicht das meistbesuchte Urlaubs- und Erholungsgebiet auf Rügen.

VIII Urlaub auf Mönchgut 🦐

Als in den siebziger Jahren des vergangenen Jahrhunderts die ersten neugierigen Sommergäste von Binz aus nach Mönchgut kamen, entdeckten sie eine faszinierende Landschaft mit herrlichen Stränden. So wundert es nicht, daß Gäste alsbald auch hier übernachten, ja ihren Urlaub verbringen wollten. Schnell reagierten die Einheimischen. Schon 1878 wurde Göhren offiziell zum Badeort erklärt, Baabe und Thießow folgten um 1890. Nun setzte in diesen Dörfern eine überaus rege Bautätigkeit ein. In kurzer Zeit entstand eine große Zahl von Hotels und Pensionen – errichtet im Stile der sogenannten »Bäderarchitektur«. Hölzerne Balkonvorbauten mit filigranen Verzierungen, Säulen und Türmchen bestimmten bald das Ortsbild. Natürlich wurde in den schönsten Lagen gebaut, möglichst mit Blick auf das Meer. Landungsbrücken, Musikpavillons, Promenaden und Grünanlagen kamen hinzu. Aus den einstigen Fischerbauerndörfern entwickelten sich innerhalb von zwei Jahrzehnten gepflegte Badeorte. Bald fanden die Fremden ihren Weg auch bis ins letzte Boddendorf. Der wirtschaftliche Aufschwung durch den Fremdenverkehr führte rasch zu einschneidenden Veränderungen der traditionellen Lebensweise. So verschwand zu Beginn des 20. Jahrhunderts allmählich auch die bis dahin noch weit verbreitete Mönchguter Tracht.

Während der Weltkriege brach der Fremdenverkehr jeweils völlig zusammen und brauchte anschließend Jahre, um wieder auf das Vorkriegsniveau zu kommen. Seit Anfang der sechziger Jahre stiegen die Urlauberzahlen auf Mönchgut, wie überall an der damaligen DDR-Küste, dramatisch an. Riesige Campingplätze, Ferienheime und Kinderferienlager entstanden, darunter zahlreiche häßliche Provisorien. Die kaum vorhandenen Möglichkeiten, in andere attraktive Touristikgebiete des In- und Auslands auszuweichen, verstärkten den Druck der Sommerurlauber auf die ohnehin schon überlastete Küste immer mehr. Jeder Erholungssuchende war glücklich, wenn er einen Urlaubsplatz oder Campingschein für Mönchgut erhielt. Die Infrastruktur des Gebietes war einem solchen Ansturm jedoch nicht gewachsen. Weil aber die Kommunen selbst am wenigsten von diesem Massentourismus profitierten, konnte auch kaum etwas verbessert werden. Es mangelte nicht nur an Geld, sondern vor allen Dingen an Baukapazität und Baumaterial. Vieles in den einst so schönen Badeorten mußte daher dem Verfall preisgegeben werden. Deshalb findet man heute neben den seit der gesellschaftlichen Wende von 1989 instandgesetzten Gebäuden sehr viele andere, die noch auf eine Erneuerung warten.

Inzwischen hat sich der Touristenstrom normalisiert. In allen Orten auf Mönchgut geht es jetzt darum, die Hotels und Gaststätten, Pensionen, Ferienwohnungen und Privatquartiere mit einem für den Gast akzeptablen Komfort auszustatten – und zahlreiche sind schon vorzeigbar. Die Ausstattung der Campingplätze hat sich bereits erheblich verbessert. Noch fehlt es aber den Gemeinden an Kraft, gleichzeitig an der Beseitigung aller »Altlasten« zu arbeiten. Neue Wasser- und Abwasserleitungen, Klär- und Müllentsorgungsanlagen, Straßen, Grünanlagen, Parkplätze, Kureinrichtungen können sicher erst im Laufe der nächsten Jahre entstehen. Doch jeder Gast, der diese phantastische Landschaft und ihre gastfreundlichen Menschen erleben möchte, sieht sicher gern über manche zeitweilige kleine Unzulänglichkeit hinweg.

Mönchgut bietet seinen Gästen eine so große Vielfalt von Möglichkeiten, den Urlaub zu gestalten, wie kaum eine andere Region an der deutschen Ostseeküste. Da sind natürlich zuerst die sauberen, feinsandigen Strände an der Außenküste für die Sonnenhungrigen mit und ohne Badekleidung. Individualisten zieht es dagegen an die wenigen sandigen Stellen der Boddenufer. Am Strand zwischen Thießow und Klein Zicker kommen die Surfer zu ihrem Recht, denn dort finden sie auf dem Bodden ein günstiges Revier.

Mönchgut ist ein ideales Wandergebiet, in dem man auf einer Tagestour jedes Ziel bequem zu Fuß erreicht. Dazu gibt es eine Menge gut ausgeschilderter und markierter Wanderwege. Auch dem Radwanderer sind viele Wege offen. Anspruchsvolle können die Halbinsel sogar vom Pferderücken aus erleben, denn in einigen Dörfern haben sich Reiterhöfe etabliert. Die hügelige Landschaft um Göhren eignet sich als Skilanglaufgebiet. Für schneereiche Winter hat man hier Loipen ausgewiesen.

Auf der von Gewässern umgebenen Halbinsel kommen natürlich Wassersportler und Angler voll auf ihre Kosten. Der Greifswalder Bodden ist ein ideales Segelrevier. In Gager, Thießow und am Baaber Bollwerk bestehen gute Liegeplätze. An ruhigen Tagen kann man mit Kanu oder Faltboot die Boddenküste vom Wasser her bewundern. Von den kleinen Fischereihäfen am Bodden aus werden Angelfahrten angeboten. Vom Baaber Bollwerk aus startet ein Passagierschiff zu Rundfahrten auf dem Greifswalder Bodden.

Nicht nur an Schlechtwettertagen lohnt sich ein Besuch in den Mönchguter Museen. Dazu gehören das Heimatmuseum in Göhren, der nur wenige Schritte davon entfernt liegende Museumshof (eine bäuerliche Hofanlage aus dem 19. Jahrhundert) sowie das ebenfalls benachbarte »Rookhuus«, ein schornsteinloses Fischerbauernhaus aus dem 18. Jahrhundert. Auf dem Göhrener Südstrand steht der Motorsegler »Luise« als Museumsschiff. Im alten Küsterhaus neben der Kirche von Middelhagen wurde ein Schulmuseum eingerichtet, in dem sich die Besucher mit dem Milieu einer typischen ländlichen Einklassenschule gegen Ende des vorigen Jahrhunderts vertraut machen können. Regelrecht mit der Landschaft verwachsen ist ein technisches Denkmal – liebevoll »Rasender Roland« genannt –, Rügens letzte Schmalspurbahn. Sie verkehrt noch heute nach Fahrplan auf der Strecke Putbus – Binz –

Göhren. Zwischen Baabe und der Endstation Göhren führt die Bahnlinie etwa vier Kilometer über Mönchguter Gebiet. Einst von großer Bedeutung für den Transport von Agrarprodukten, ziehen die kleinen Dampfloks heute nur Personenwagen hinter sich her. Wer am Haltepunkt Philippshagen mitten im Wald der Baaber Heide zusteigen will, der hat »... sich dem Personal des herannahenden Zuges rechtzeitig bemerkbar zu machen«. Mit dem »Rasenden Roland« kann man direkt zum Jagdschloß Granitz fahren. Vom Turm dieses Schlosses bietet sich eine phantastische Aussicht über Rügen. Ganz Mönchgut liegt da vor dem Betrachter – diese zauberhafte Landschaft zwischen Meer und Bodden.

IX Geschützte Landschaft 🐝

Wohl jeder Besucher und Einheimische, der die landschaftliche Schönheit und Vielfalt dieser Halbinsel kennt, wird gleicher Meinung sein: Das alles muß erhalten bleiben! Wie groß aber die Gefahr der Zerstörung des Landschaftscharakters wirklich ist, hat die jüngste Vergangenheit gezeigt. Obwohl Mönchgut zum »Landschaftsschutzgebiet Ostrügen« gehörte und damit landschaftsverändernde Eingriffe in diesem Raum verboten waren, entstanden am Ortsrand von Baabe, an absolut dominierendem Standort, die Betonklötze eines SED-Parteiferienheimes, errichtete man am Ortsrand von Groß Zicker häßliche, überdimensionierte Schafställe, wurden die landschaftstypischen Salzwiesen der Niederung großräumig eingedeicht und entwässert.

Nun bestand zwar mit dem Naturschutzgebiet »Zickersches Höft«, mit den Flächennaturdenkmalen »Lobber Ort«, »Ginsterheide Alt Reddevitz«, »Trockenhang Groß Zicker« und »Märzenbecherwiese Middelhagen« sowie für eine Reihe von Naturdenkmalen ein Schutz kleinerer Flächen oder landschaftlicher Details. Gegen eine befürchtete flächenhafte Landschaftszerstörung, beispielsweise durch riesige Erholungsbauten, gab es nach der gesellschaftlichen Wende aber keinen ausreichenden Schutz. Außerdem war man sich bewußt, daß zum Erhalt dieser von jahrhundertelanger Nutzung geprägten Kulturlandschaft eine sachkundige Pflege unumgänglich ist: Die Trockenrasen und Salzwiesen müssen beweidet werden. Vielerlei Altlasten gilt es zu beseitigen. Die künftige Nutzung der Halbinsel darf nur mit viel Sensibilität für Natur und Landschaft erfolgen.

So wurde Mönchgut 1989 in das Biosphärenreservat Südost-Rügen eingegliedert, das auch die Granitz sowie das südlich von ihr gelegene Gebiet, die Umgebung von Putbus, die Insel Vilm und weite Uferzonen des Greifswalder Boddens – insgesamt die abwechslungsreichsten Landschaften Rügens umfaßt. Der damit staatlich garantierte Schutz, die Einrichtung einer speziell für dieses Schutzgebiet verantwortlichen Verwaltung (unterstellt dem Nationalparkamt Mecklenburg/Vorpommern) und die Schaffung eines Betriebes zur Landschaftspflege sollen künftig den Erhalt dieses Kleinods gewährleisten.

Aber am Schutz dieser einmaligen Landschaft kann und sollte auch jeder mitwirken, der sie besucht oder in ihr lebt. Daher bitten Autor und Verlag, die für das Biosphärenreservat geltenden Regeln einzuhalten: Laufen, fahren oder parken Sie bitte nur dort, wo es wirklich erlaubt ist. Bleiben Sie bitte auf den Wanderwegen. Beachten Sie bitte unbedingt, daß Dünen und Steilufer nur dort betreten werden dürfen, wo es offizielle Strandzugänge gibt. Schonen Sie Blumen und Pflanzen. Belassen Sie diese bitte an ihrem Standort. Legen Sie mit Sportbooten oder Surfbrettern nicht an den Salzwiesen oder im Schilfgürtel an, denn dort brüten und leben viele Wasservögel. Beachten Sie bitte, daß man Zelte, Wohnwagen oder Wohnmobile zur Übernachtung nur auf den Campingplätzen aufstellen darf. Werfen Sie keine Abfälle in die Landschaft. Vielen Dank.

Die Halbinsel
Klein Zicker

Blick vom »Gänurt«
zum Zickerschen Höft.
An der Südwestecke der
Halbinsel hat sich vor dem
niedrigen Steilufer eine
kleine Sandzunge gebildet,
ein winziges »Höftland«,
auf dem gern Enten, Gänse
und andere Wasservögel
rasten – daher auch der Name
»Gänurt« (Gänseort).
Am Zickerschen Höft im
Hintergrund bricht die Halb-
insel Groß Zicker steil
gegen den Bodden hin ab.

Klein Zicker: Blick von Norden auf die Halbinsel; im Vordergrund der Ortseingang von Groß Zicker. Fast kreisrund, wie eine Pfanne mit Stiel, liegt »der Kleine Zicker« (so nennen ihn die Einheimischen) im Greifswalder Bodden. Sein größter Durchmesser beträgt nur etwa einen dreiviertel Kilometer. Durch den pfannenstielartigen »Haken« (links) ist dieser Inselkern mit dem von Thießow, und dadurch auch mit Mönchgut verbunden.

Blick von Klein Zicker nach Thießow und zur Pommerschen Bucht. Von einem nur knapp 40 Meter hohen Hügel aus besteht bei klarem Wetter eine überwältigende Rundsicht. Nach Südosten reicht der Blick über die Dächer von Klein Zicker und die vom Meer aufgeschüttete Nehrung (»der Haken«) mit dem schönen Strand, das kleine Wäldchen und die südlichen Häuser von Thießow bis zum Ruden (am Horizont rechts) und zum Streckelsberg auf Usedom (über dem Wäldchen).

Das »Saalsufer«.
Dieses markante, fast
30 Meter hohe
Steilufer an der Westseite
der Halbinsel erhielt seinen
Namen von den »Saal-
hunden« (Seehunden), die
hier früher einen Ruheplatz
hatten. Das Kliff besteht zum
großen Teil aus den lockeren
Schmelzwassersanden einer
Endmoräne. Sie setzen den
vom Bodden her anstürmen-
den Wellen kaum Widerstand
entgegen. Daher unterliegt
das Steilufer einer starken
Abtragung.

Steilufer an der Südseite
der Halbinsel Klein Zicker.
Ockergelber Geschiebelehm
der eiszeitlichen Grund-
moräne bildet an dieser
exponierten Uferzone ein
senkrechtes Kliff.
Der feste Lehm wird längst
nicht so schnell vom Boddenwasser abgetragen wie die
lockeren Sande am
»Saalsufer« – zum Glück für
die Einwohner der Ortschaft
Klein Zicker, denn deren
Hausgärten reichen an einigen
Stellen bis ans Steilufer.

Zauber einer Landschaft:
Blick von den Hügeln des
Großen Zicker zum Kleinen
Zicker. Selbst wenn man den
Weg über die Höhen von
Groß Zicker schon oft
gegangen ist – angesichts
dieser einmaligen Aussicht
wird man bestimmt immer
wieder verweilen.

Vom Fang zurückkehrende
Reusenfischer aus Klein
Zicker an der Einfahrt in
den Zicker See; im Hintergrund die Ortschaft Groß
Zicker und der Bakenberg.
Ein Kleinkutter zieht die
wie Perlen auf eine Schnur
gereihten Reusenboote voller Hering hinter sich her.

Sortieren des Fanges an der Fischerstelle von Klein Zicker. Fischkisten aus Plastik statt aus Holz sind die ersten äußeren Anzeichen eines Wandels in der Küstenfischerei auf Mönchgut. Mit Übernahme der Marktwirtschaft entfielen am Beginn der neunziger Jahre auch die garantierten Aufkaufpreise für Hering, den »Brotfisch« der Fischer. Der »Frühjahrslaichhering« wird hier nur wenige Wochen lang, dafür aber in großer Menge gefangen. Nun ist es schwierig geworden, dafür einen kostendeckenden Preis zu erzielen.

Auf dem Reusenplatz von Klein Zicker. Auf dem Grasland des sandigen »Hakens« liegt, großflächig ausgebreitet, das voluminöse Netzwerk des Reusenwehrs einer Kammerreuse (»Kummreuse«). Vor dem Hintergrund des noch vereisten Boddens bessern hier die Fischer, oft mit froststarren Fingern, das Fanggerät aus. Sobald das letzte Eis geschmolzen ist, werden die großen Heringsreusen im Bodden aufgebaut.

Reusenboote im Winterlager
an der Fischerstelle von
Klein Zicker am Zicker See.
Mehr als jede andere
Landschaft auf Rügen wird
Mönchgut von der Fischerei
geprägt, die hier über

Jahrhunderte der Landwirtschaft gleichbedeutend war.
So hat sich bis heute
eine große Zahl der originel-
len Mönchguter Reusenboote
mit ihrem charakteristischen
Heckspiegel erhalten.

Zum Trocknen aufgestellte Kummreuse auf dem Reusenplatz von Klein Zicker. Ähnlich wie die Fischer sie im Wasser aufbauen, wird die Reusenkammer nach der Fangsaison zum Trocknen an Land aufgespannt. Erst hier sind die beachtlichen Dimensionen des komplizierten Fanggerätes erkennbar, in das die Fische zwar leicht hinein-, aber nicht mehr hinausfinden. Die getrocknete und gereinigte Reuse wird bis zum nächsten Frühjahr in einem großen Holzschuppen auf dem Reusenplatz eingelagert.

Sandhaken an der Einfahrt zum Zicker See: der untere (rechts) gehört zu Klein Zicker, der obere (links) zu Groß Zicker. Von den aktiven Kliffs am Saalsufer und am Zickerschen Höft trägt das Wasser bei Weststürmen viel Sand ab. Ein Teil davon wird längs der Ufer hierher transportiert und zu jenen Strandwällen aufgeschüttet, aus denen die Sandhaken bestehen. Stürme aus Nordost schneiden diese auffallenden Gebilde allerdings immer wieder zurück. Der am Kleinen Zicker angewachsene Sandhaken wurde bereits auf der schwedischen Matrikelkarte aus dem Jahre 1695 dargestellt, etwa in der heutigen Größe. Durch den eingeschwemmten Sand wird auch die Fahrrinne von der Kaming in den Zicker See, auf dem Foto gut erkennbar, immer wieder verschüttet. Daher muß sie oft nachgebaggert werden.

Auf den folgenden Seiten: Wintertag in Klein Zicker: Sicht nach Süden über den Greifswalder Bodden zum Festland. Kalte Stille liegt über Halbinsel und Bodden. Nichts läßt mehr die herbstlichen Stürme ahnen, denen das kleine Dorf oft wochenlang nahezu schutzlos ausgesetzt ist. Nun zieht es nicht nur Spaziergänger, sondern manchmal sogar Skifahrer hierher.

45

Die Halbinsel
Groß Zicker 🍇

Blick nach Süden über die Halbinsel Alt Reddevitz (vorn) auf Groß Zicker; im Hintergrund Klein Zicker und Thießow.

Der mittlere Teil der Halbinsel Groß Zicker nach Süden mit Klein Zicker und Thießow; am Horizont rechts Insel Ruden und Peenemünder Haken. Das Foto zeichnet das bewegte Relief der Endmoränenhügel besonders plastisch. Am unteren Bildrand erscheint die Hagensche Wiek. Die Häuserzeile im Vordergrund gehört zu Gager. Am Fuße des Südhanges der Halbinsel liegt das Dorf Groß Zicker. Die hellen Gebäude sind überdimensionierte Schafställe, die trotz vieler Proteste Anfang der achtziger Jahre rücksichtslos mitten in diese überwältigende Landschaft hineingebaut wurden.

Abend am Gansser Ort, der
Südspitze des Zickerschen
Höfts. Die hier vom Steilufer
angeschnittenen eiszeit-
lichen Bildungen vermitteln
ein Bild des Chaos. Ganz
unterschiedliches Material –
Mergel, Kies, Sand, Schluff
und größere Geschiebe –
lagert wirr durcheinander.
Und eben das ist typisch für
eine Stauchendmoräne.
Ähnlich sind auch
die Verhältnisse im Inneren
des gesamten Hügelzuges
von Groß Zicker gestaltet.

Auf den folgenden Seiten:
Reusen vor dem Zickerschen
Höft. Eine beeindruckende
Konstruktion haben die
Fischer hier im Wasser
errichtet. Um den Fischen
ihren Weg zu versperren,
reicht das lange, durch
Schwimmkörper und Anker
stabilisierte Reusenwehr vom
Ufer aus viele hundert
Meter in den Bodden hinein.
Dort stehen die Fangkammern,
in denen im Frühling
hauptsächlich Hering, im
Sommer und Herbst vor allem
Hecht und Barsch,
Aal und Zander gefangen
werden.

Strand am Zickerschen Höft.
Der an der Westseite
liegende Abbruch der
Halbinsel zum Greifswalder
Bodden hin ist ein beliebtes
Wanderziel. Hier findet man
nicht nur ein äußerst
vielgestaltiges, bewachsenes
Hochufer, sondern auch
einen abwechslungsreichen
Strand mit kleinen sandigen

Badestellen. Außerdem gibt
es besonders viele »Findlinge«,
große Gesteinsblöcke, die
vom Eis aus Skandinavien
mitgebracht wurden.
Einen besonders großen Stein
erkennt man im Hintergrund
(vor den Büschen) am
»Nonnenloch«. Er hat ein
Volumen von etwa 15 Kubikmetern und wiegt 40 Tonnen.

Geschiebestrand am Zickerschen Höft. Bei der Abtragung des Steilufers spült das Wasser alles leicht Bewegliche mit sich fort. Nur grobe Gesteinsbrocken bleiben dann am Strand zurück. Diese eiszeitlichen Geschiebe setzen sich aus ganz unterschiedlichem Material zusammen. Manche besitzen ein Alter von zwei oder drei Milliarden Jahren. Andere erweisen sich bei genauerer Untersuchung als »nur« 70 oder 40 Millionen Jahre alt, enthalten aber bemerkenswerte Versteinerungen. Diese kann man hier am Höft häufig finden.

*Vorhergehende Seiten:
September auf den Gagerschen
Höhen. Nichts ist geblieben
von der Blütenpracht im Juni.
Nach hochsommerlicher
Trockenheit machen nun die
Höhenzüge auf dem Großen
Zicker ihrem Namen alle Ehre:
Trockenrasenhügel. Jetzt
vermittelt sich an manchen
Stellen eher der Eindruck
einer asiatischen Steppe als der
einer Endmoränenlandschaft
auf Rügen.*

*Herbstlicher Blick vom
Zicker Berg; im Hintergrund
Hagensche Wiek und Halbinsel
Alt Reddevitz. Der Herbst
bleibt auf Mönchgut länger als
im Binnenland. Die großen, in
den Herbstmonaten noch
warmen Gewässer ringsum
sorgen für ausgeglichene
Temperaturen. Daher läßt der
Frost oft lange auf sich
warten. Die Bäume tragen ihr
Herbstlaub manchmal noch
bis in den November hinein.*

Der Zicker blüht. Brachte der Frühling genügend Regen, so können sich im Frühsommer die Stauden prächtig entwickeln. Violett blühen dann Dost und Thymian, golden das Johanniskraut, rostrot der Sauerampfer, blau die Glockenblumen, weiß und gelb das duftende Labkraut. Und überall dazwischen leuchten die rosa Kugelköpfchen der Grasnelken. Weithin hörbar ist auch das Zirpen der Feldgrillen. Es kündet von einer fast noch unzerstörten Natur, die hier an vielen Stellen zu finden ist.

Schafherde auf dem Großen
Zicker. Ohne weidende
Schafe bliebe diese Land-
schaft auf Dauer keinesfalls
so, wie sie jetzt ist.
Nicht von Natur aus, sondern
erst mit der Nutzung durch
den Menschen kam es zur
Herausbildung des heutigen
Lebensraumes mit seiner
vielfältigen Flora und Fauna.
Unterbliebe die Beweidung,
überzöge sich der Zicker
bald mit Gestrüpp.

Osthang des Groß Zicker
am »Krassendal«.
Dieses Januarbild zeigt, daß
auch ein Wintertag ohne
Schnee auf Mönchgut sehr
stimmungsvoll sein kann.
Bei kristallklarer Sicht
liegt die Landschaft dann
manchmal unter einem
nordisch blauen Himmel,
über den bizarre
Wolkengebilde ziehen.

Groß Zicker: der Bakenberg, davor das Dorf Groß Zicker, dahinter das Dorf Gager – Sicht nach Norden; im Hintergrund Hagensche Wiek, der Höhenzug von Göhren / Alt Reddevitz, weiter im Hintergrund Having und Granitzwald; am Horizont links die Halbinsel Jasmund.

Auf den folgenden Seiten: Blick von Groß Zicker über die Zickerniß-Niederung und den Küstenschutzwald am Großen Strand zur Pommerschen Bucht mit der Insel Greifswalder Oie. Etwa 14 Kilometer weit draußen in der Pommerschen Bucht liegt die von vielen Stellen Mönchguts aus sichtbare Greifswalder Oie, das »Helgoland der Ostsee«. Die Insel mit dem lichtstärksten Leuchtfeuer an der deutschen Ostseeküste war über Jahrzehnte militärisches Sperrgebiet und befand sich außerdem in den nur mit Sondererlaubnis zu befahrenden »äußeren Seegewässern«. Daher blieb sie lange Zeit doppelt unerreichbar. Heute bemühen sich Naturschützer darum, daß die Greifswalder Oie, ein Rastplatz vieler Zugvögel, nicht dem Massentourismus geopfert wird.

65

Die frühgotische Backstein-kirche von Groß Zicker, das älteste Gebäude auf Mönchgut.

Wohnhaus eines Bauerngehöf-tes in Groß Zicker. In den Dörfern Gager und Groß Zicker blieben viele Beispiele traditioneller Bau-formen bewahrt. Man findet hier noch eine Reihe älterer rohrgedeckter Backstein-häuser mit dem für Mönchgut typischen Krüppelwalmdach.

Das Pfarrwitwenhaus in Groß Zicker. Dieses aus Lehmfachwerk errichtete Niederdeutsche Hallenhaus (»Zuckerhut«) wurde um 1720 gebaut und ist somit das betagteste Wohnhaus des ganzen Dorfes. Es steht heute unter Denkmalschutz und wird liebevoll gepflegt.

Die Halbinsel
Alt Reddevitz

Sicht von Westen auf die
Halbinsel Alt Reddevitz,
die zwischen Hagenscher
Wiek (rechts) und Having
liegt. Unten im Bild das
Reddevitzer Höft;
oben rechts Middelhagen und
Göhren; oben links Baaber
Heide, Baabe und Selliner
See. Diese Halbinsel stellt
sicher das bemerkenswerteste
Gebilde Ostrügens dar. Sie
ist fast vier Kilometer lang,
an der schmalsten Stelle
aber nur 200 Meter breit.
Zusammen mit dem Höhen-
zug von Göhren bildete sie
noch vor 5000 Jahren eine
langgestreckte Insel. Sie
besaß ringsum Steilufer, die von der
Ostsee abgetragen wurden.

Das Höft im Gegenlicht. Das Reddevitzer Höft schiebt sich weit in den Greifswalder Bodden hinein. Während das Wasser an seiner Süd- und Westseite kräftig am Ufer nagt, ist das Steilufer an der Nordseite dieser Landspitze (rechts) schon lange inaktiv und mit Laubgehölzen bewachsen. Davor liegt ein schmales »Höftland«, eine flache, vom Meer aufgeschüttete sandige Strandwiese.

Vorhergehende Seiten:
Das »Land Reddevitz«: Blick
nach Osten. Diesen schmalen,
hügeligen Landstreifen
zeichnet mit seinem Saum
bewaldeter Steilufer
besondere landschaftliche
Schönheit aus.
Die Wanderung vom Dorf Alt
Reddevitz zum Reddevitzer
Höft gehört bestimmt
zu den schönsten Fuß- oder
Fahrradrouten auf ganz Rügen.

Steilufer am Reddevitzer
Höft: Sicht nach Süden.
Das südliche Ufer des Höfts
ist nicht nur wesentlich
niedriger als das nördliche,
es besteht zudem auch
aus ganz anderem Material,
aus reinem Geschiebelehm.
Hier reicht die Ackerfläche
bis an den Rand des Kliffes.

Steilufer am Reddevitzer Höft:
Blick nach Norden, im Hintergrund das Gelbe Ufer bei Neu
Reddevitz. Auf engstem
Raum bietet das etwa
400 Meter lange Steilufer
des Höfts eine ungewöhnliche
Vielfalt. Der nördliche,
höhere Teil besteht aus
hellen Schmelzwassersanden.
An manchen Stellen wird
dieser Sand vom Wind über
die zum Teil von Bäumen
und Büschen gesäumte Kante
des Kliffes landeinwärts
geblasen und bildet
dort eine »Kliffranddüne«.

Auf den folgenden Seiten:
Winterliches Ufer an der
Südseite des Reddevitzer
Höfts. Im Februar eines
Frostwinters hat sich hier
ein niedriger Wall
aus dünnschlolligem Eis
gebildet, das vom Westwind
auf den Strand geschoben
wurde. Das im Herbst noch
glatte, senkrechte Kliff
zeigt jetzt viele Abbrüche.
Der feuchte Lehm
wurde beim wiederholten
Gefrieren regelrecht
vom Steilufer abgesprengt.

Weg am Südufer der Halbinsel
vom Dorf Alt Reddevitz zum
Reddevitzer Höft; Sicht
nach Osten. »De lange Wech«
zum Höft war noch vor
wenigen Jahren einer der
zahlreichen, auf Rügen weit
verbreiteten, schlecht befestig-
ten Landwege – nach länge-
rem Regen oder nach der
Schneeschmelze kaum
passierbar.

Ausblick vom »Witten Barg«
auf die Fischerstelle von
Mariendorf mit der
»Dangschün«; dahinter das
Dorf Alt Reddevitz.
Die »Dangschün« (Tang-
scheune), heute Fischer-
schuppen, diente früher zur
Lagerung von getrocknetem
Seegras, das man als
Füllmaterial

für Polstermöbel sammelte.
Seegras wurde hier am Ufer
der Hagenschen Wiek einst
in viel größerer Menge ausgeworfen. Heute sind seine
am Boddengrund wachsenden
Bestände durch Überdüngung
und Verunreinigung der Gewässer stark zurückgegangen.

Stellnetzfischer aus Alt
Reddevitz am Bollwerk von
Mariendorf.
Im Frühjahr, während der
»Heringssaison«, wird
hier die Stellnetzfischerei
betrieben: Am Nachmittag
fahren die Kutter hinaus

auf den Bodden,
um die Stellnetze in langer
Reihe auszulegen, so daß sie
wie lange Wände senkrecht
im Wasser stehen. Deren
Endpunkte werden verankert
und jeweils markiert mit
»Schweken«, von denen

eine ganze Anzahl auf dem Boot erkennbar sind. (Ein Schweken besteht aus einer Stange, die unten mit einem Gewicht, in der Mitte mit einem Schwimmkörper und oben mit einem Fähnchen versehen ist.)

Am nächsten Morgen werden die Netze eingeholt, zum Hafen gebracht und die Heringe aus den Maschen »gepukt«. Die Netze werden gesäubert und am Nachmittag wieder im Bodden ausgesetzt.

Steilufer an der Südseite des Reddevitzer Höfts: westwärts über den Bodden zur Insel Vilm geblickt. Nach dem Winter kamen die Frühlingsstürme. Dabei spülte das Wasser alles weg, was durch Frost am Steilufer abgesprengt oder gelockert worden war. Jetzt, im April, erweckt das Ufer den gleichen Eindruck wie im Herbst des Vorjahrs. Nur bei genauer Beobachtung zeigt sich, daß dieses Ufer während eines Winters oft um einen halbmeterbreiten Streifen zurückgeschnitten wird. Für ein Boddenufer ist ein solcher »Küstenrückversatz« wie hier am Reddevitzer Höft ungewöhnlich hoch. Ebenso ungewöhnlich erscheint es, daß der schmale Strand bereits (wie es das Foto zeigt) bei geringfügig erhöhtem Wasserstand überspült wird. Daher fällt manche geplante Strandwanderung um das Höft regelrecht ins Wasser.

Auf den folgenden Seiten: Ginsterblüte nördlich des Dorfes Alt Reddevitz: Ausblick nach Nordwesten über die Having zum Burgwall und zum Gelben Ufer bei Neu Reddevitz; links hinten Insel Vilm. Auf den Moränenhügeln am östlichen Ausgang der Halbinsel, in unmittelbarer Nachbarschaft des Campingplatzes, wachsen die größten Bestände von Besenginster auf Rügen. Dieses Areal genießt als Flächennaturdenkmal besonderen Schutz.

Blühender Wildbirnenbusch am Südufer der Halbinsel Alt Reddevitz. Den Wanderer und Besucher, der Mitte Mai nach Mönchgut kommt, empfangen vielerorts blühende Wildsträucher und -bäume. Dann entfalten Schleh- und Weißdornbüsche, Wildbirnen- und Vogelkirschbäume ihre weiße Pracht.

Zwischen Südperd und Lobber Ort

Am Thießower Südstrand.
Steinbuhnen und Steinmauern
sollen die von der Abtragung
am meisten betroffenen Ufer
des Thießower Inselkerns
schützen. Um das Südperd
wurde im Jahre 1905
aus gewaltigen Steinbrocken
eine 350 Meter lange
Schutzmauer errichtet.
Sie hat seither
ein weiteres Zurückweichen
des Steilufers verhindert.

Sicht von Groß Zicker über
den Zicker See nach Thießow.
Hinter den Häusern des
Dorfes liegt das teilweise
bewaldete Hochgebiet von
Thießow mit Lotsenberg und
Südperd. An die einstige
Insel hat sich links die
Nehrung des Großen Strandes
(mit dem Küstenschutzwald)
angelagert, rechts die
Nehrung des »Hakens«, an
dessen Südspitze ein kleiner
Kiefernwald wächst.

Winterlicht über dem Großen Strand; am Horizont rechts Göhren. Längst sind die Turbulenzen des Sommers mit den Scharen von Urlaubern vergessen, die an diesem wunderschönen sauberen Strand sich Sonnenbräune oder Sonnenbrand holten.
Doch auch jetzt, bei mildem Wetter im Januar, kann man bei einem Strandspaziergang seinen Hunger nach Licht und Luft gut stillen. Küstenschutzwald und Düne dämpfen den kalten Westwind. Daher wird sogar die gelinde Wärme der winterlichen Mittagssonne spürbar.

Abendstimmung am Thießower Haken. Der vom Meer aus Sand aufgebaute »Endhaken« stellt die eigentliche Südspitze Mönchguts dar. Ob sich einst – so die Vermutungen – von dieser Stelle aus im kühnen Bogen eine sandige Nehrung zur Insel Ruden erstreckte, wird niemand mehr beweisen können. In alten Schriften aber wird berichtet, daß eine ehemals hier vorhandene Landbrücke der »Allerheiligenflut« des Jahres 1304 zum Opfer gefallen sein soll.

Veranda eines Lotsenhauses
in Thießow.
Die den preußischen
Doppeladler darstellende
Holzsägearbeit erscheint
für diese Region bestimmt
ungewöhnlich. Sie entstand
aber nicht etwa aus der
Laune eines Einheimischen
heraus. Vielmehr wohnte
hier früher ein beamteter
Staatsdiener, ein Lotse,
der auf diese Weise seine
gesellschaftliche Stellung
nach außen hin bekundete.

Blick über die Häuser von
Thießow nach Nordwesten;
im Hintergrund »Der Haken«
mit seinen flachen Strandwiesen zwischen Bodden
(links) und Zicker See;
im weiteren Hintergrund die
Halbinseln Klein Zicker
und Groß Zicker (ganz rechts).
Quer durch die Wiesen
verläuft ein Binnendeich,
den manche Sommerurlauber
als überflüssig betrachten
mögen. Sie kennen den
Zicker See als ein absolut
stilles Gewässer. Im Winterhalbjahr kann die Situation
aber völlig anders aussehen.

Dreht dann der Wind bei einem schweren Sturm-hochwasser auf Nordwest, so wären die insgesamt sehr niedrig gelegenen Häuser von Thießow ohne schützenden Deich ganz den vom Zicker See her anstürmenden Fluten ausgesetzt – wie es 1872 und 1904 der Fall war.

Rauhreif im Küstenschutz-
wald am Großen Strand.
In strengen Wintern erstar-
ren Halbinsel und die sie
umgebenden Gewässer unter
einer Decke aus Schnee und
Eis. Bringt der Wind dann
einen Schwall feuchter Luft
aus eisfreien Gebieten
der Ostsee heran, so kann
sich die Kiefernplantage
über Nacht in einen
Zauberwald verwandeln.

Weiden im Sommerwind vor
dem »Strandhotel« in Lobbe.
Das kleine, an der Mönch-
guter Landstraße gelegene
Fischer- und Bauerndorf
erschloß sich relativ spät
dem Fremdenverkehr. Zu den
ersten dafür umgebauten
Häusern gehörte
das heutige »Strandhotel«.
Am Rande
des Ortes gibt es einen stark
frequentierten Campingplatz.

Auf den folgenden Seiten:
Findling am Lobber Ort;
im Hintergrund der Göhrener
Südstrand. Mit einem
Rauminhalt von etwa
17 Kubikmetern und einem
Gewicht von rund 46 Tonnen
gehört dieser vom Inlandeis
mitgebrachte Granitklotz zu
den fünf besonders großen

eiszeitlichen Geschieben
auf Mönchgut. Er wurde,
wie die anderen auch,
als Naturdenkmal
unter Schutz gestellt.

Der Große Strand nach Norden.
Am nördlichen Ende der langgestreckten Strandlinie ist rechts der Ortschaft Lobbe der Landvorsprung des Lobber Ortes erkennbar. Er markiert die Lage des kleinsten Inselkerns der Region. Dahinter erstreckt sich der Inselkern von Göhren, auf dessen langgezogenen Höhenrücken die Ortschaft selbst liegt. Das bewaldete Nordperd mit seinem hellen Steilufer bildet eine weit nach Osten vorspringende Landspitze, das Ostkap der Insel Rügen.

Fischerboote mit Reusenramme am Strand vor Lobbe. Im Bodden genügt ein kräftiger Holzhammer, um die Reusenpfähle in den Grund zu schlagen. Bei Außenstrandreusen benötigen die Fischer dazu eine Ramme. Weil dieses originelle Gerät aber nur selten zum Einsatz kommt, wird es dann einfach auf zwei Reusenboote montiert.

Der südlichste Teil Mönchguts.
Großer Strand mit Düne und
Küstenschutzwald; Ortschaft
Thießow und ihr Inselkern
mit Südperd und Lotsenberg
(links); Thießower Haken
und Wiesen am Zicker See
(rechts).
Blick nach Süden:
am Horizont Insel Ruden
und Peenemünder Haken.

Alte Weidenallee an der »Kauhdrift« bei Philippshagen. Der zu Middelhagen gehörende Ortsteil Philippshagen grenzt nach Süden hin unmittelbar an die Wiesenflächen der Niederung um den Lobber See. Einst erstreckte sich hier ein breiter Meeresarm. Durch eine sandige Nehrung zwischen Göhrener und Lobber Inselkern wurde er vor etwa 3000 Jahren von der Ostsee abgeschnitten. So entstand der Lobber See, der durch natürliche Ver- landung und künstliche Entwässerung immer mehr an Fläche verlor. Heute umgibt ihn ein breiter Schilfgürtel, an den sich weites Wiesen- und Weideland anschließt. Hier findet man auch diese prächtige Weidenallee.

Die Dorfkirche St. Katharinen in Middelhagen. Der im 15. Jahrhundert errichtete Backsteinbau trägt einen hölzernen Dachturm aus dem 18. Jahrhundert. Die Kirche verfügt über eine bemerkenswerte Innenausstattung, so über einen spätgotischen Schnitzaltar und ein Votivschiff. Zu DDR-Zeiten fanden hier nicht nur regelmäßig Kunstausstellungen und Konzerte statt, es war auch ein von den Machthabern mißtrauisch beobachteter Ort der Begegnung und Artikulation von Andersdenkenden.

Auf den folgenden Seiten: Altes Salzhaus am ehemaligen Bollwerk von Kleinhagen; Blick über die Hagensche Wiek zur Halbinsel Groß Zicker. Ein breiter Schilfgürtel säumt hier die Ufer der Hagenschen Wiek. Weil der Wasserstand häufig schwankt, werden diese Flächen im Vorland des Boddendeiches oft überflutet. Ein befestigter Damm führt zum ehemaligen Bollwerk. Das dort liegende alte Salzhaus dient heute als Fischerschuppen.

Kleinhäger Fischer warten auf den Eisaufbruch; im Fischerschuppen von Kleinhagen. Während die Fischer in eisfreien Wintern oft schon im Februar mit der Heringsfischerei beginnen, wird ihre Geduld in Eiswintern oft auf eine harte Probe gestellt. Manchmal bleiben Teile des Greifswalder Boddens und seiner Nebenarme bis in den April hinein eisbedeckt. Längst aber sind alle Vorbereitungen für die »Frühjahrsheringssaison« getroffen. Die Heringsschwärme verlassen im Mai den Bodden wieder. So bedeutet jeder Tag, an dem man wegen Eis zur Untätigkeit gezwungen wird, einen wirtschaftlichen Verlust.

Winterlicher Strand vor Göhren; Blick nach Baabe. Ein Wall aus Schnee-Eis liegt vor dem Nordstrand. Schwerer Sturm aus Nordost trieb den ins eisige Wasser gefallenen Schnee gegen die Küste und warf ihn auf den Strand. Dort gefror das Ganze zusammen und bildet nun für die nächsten Wochen einen perfekten Schutz der Küste vor weiteren Stürmen.

Die Baaber Heide
und ihr Hinterland 🐝

Nachsaison am Strand vor
Baabe; Blick nach Norden
zum Quitzlaser Ort;
am Horizont die Halbinsel
Jasmund mit der Kreideküste.
Der breite »Nordstrand«
zwischen Göhren und Baabe
gilt als der schönste
Badestrand auf Rügen.
Er gehört aber nicht nur
zu den breitesten Stränden
der Insel, sondern auch zu den
besonders windgeschützten.

Baaber Fischer kehrt vom
Fang zurück.
Auf den Wellen »anreitend«
und dem Motor noch einmal
kräftig Gas gebend, steuert
er sein Boot auf den
knirschenden Sand. Fast
drei Zentner Fisch bringt er
mit. Dorsch und Zander,
Flunder und Hecht gingen
ihm an die Langleinenangel.
Am Vortag mußte der
Fischer dafür hunderte Haken
mit fingerlangen Sandaalen
»bestecken« und das
Fanggerät draußen vor
dem Außenstrand aussetzen.

Im Dünenwald der Baaber Heide. Als das Meer die breite Nehrung der Baaber Heide zwischen zwei Inselkernen aufbaute, war daran auch der Wind beteiligt. Er trieb den angespülten Sand in großer Menge vom Strand landeinwärts und häufte ihn dort zu zahlreichen, bis zu zehn Meter hohen Dünen an. Die ältesten von ihnen entstanden schon vor etwa 5000 Jahren und liegen heute viele hundert Meter vom Ufer entfernt im Kiefernwald. Bei Wanderungen durch die beeren- und pilzreiche Baaber Heide sind diese Dünenhügel nicht zu übersehen.

Das »Herzogsgrab«, Großsteingrab aus der Jungsteinzeit am Rande der Baaber Heide. Unmittelbar vor dem Hang des ehemaligen Steilufers, auf dem einstigen Strand, bauten vor etwa 4300 Jahren die damaligen Bewohner des Inselkernes von Göhren / Alt Reddevitz diese Begräbnisstätte. Bei Ausgrabungen fanden Archäologen mehr als 40 Gefäße mit Skelettresten sowie zahlreiche Feuersteingeräte. Wie viele andere steinzeitliche Funde zeugen sie davon, daß der Mönchguter Raum bereits damals besiedelt war. Das »Herzogsgrab« liegt am gut markierten Wanderweg vom Haltepunkt Philippshagen zum Dorf Alt Reddevitz.

Der »Rasende Roland« kommt.
An der Kleinbahnstrecke
durch die Baaber Heide
unweit des Haltepunktes
Philippshagen. Nur eine
kurze Strecke legt die
überaus populäre Rügensche
Kleinbahn auf Mönchgut
zurück. Zwischen dem Mönchgraben und der Endstation
»Göhren (Rügen)« sind es
reichlich vier Kilometer.
Das heutige »technische
Denkmal«, dessen Dampfloks
qualmend und pfeifend durch
den Heidewald keuchen, ist
aus der Landschaft gar
nicht wegzudenken. Wer in
Philippshagen zusteigen
möchte, der hat »…sich
dem Personal des heran-
nahenden Zuges rechtzeitig
bemerkbar zu machen.«

Bootsbauer Hans Husmann (1912–1986).

Bootsbauerei Husmann in Baabe. Hans Husmann bei der Reparatur eines Fischerbootes.
Ein guter Teil der charakteristischen Mönchguter Fischerboote, denen man noch heute überall an Bodden und Außenstrand begegnet, entstand bis 1985 in dieser kleinen Werkstatt. Mit einfachsten Werkzeugen wurden hier bis Mitte der achtziger Jahre die formschönen, klinkerbeplankten Boote mit ihren auffallenden Heckspiegeln gebaut und repariert.

Sicht vom Driftberg bei
Alt Reddevitz nach Norden
zum Baaber Bollwerk:
im Vordergrund der östliche
Rand der Having, im Hintergrund der Selliner See.
Von der Kante des hohen
Steilhanges, des einstigen
Steilufers der Ostsee,
ist die vom Meer
aufgeschüttete, weite
Seesandebene im Hinterland
des Waldgebietes der Baaber
Heide gut zu überschauen.
Während hier die Sonne
scheint, überflutet
von See her grauer, eisiger
Nebel die Ausläufer der
Granitz und die Ortschaft
Sellin. Diese Situation
bleibt tagsüber meist
einige Stunden lang bestehen. Solcher Seenebel ist
auch an der Außenküste
Mönchguts überaus gut
bekannt. Er tritt regelmäßig
im Frühjahr auf, wenn sich
das Land rascher erwärmt
als die eiskalte See.

Herbststimmung am Baaber Bollwerk; Sicht von der Moritzdorfer Fährstelle über die Beek. Als Baaber Beek (oder auch Moritzdorfer Beek) wird die schmale Verbindung zwischen der Having und dem Selliner See bezeichnet. Hier verläuft auch die Grenze zwischen Mönchgut und den übrigen Teilen Rügens. Früher besaß das Baaber Bollwerk große Bedeutung für die rügensche Frachtschiffahrt und als Anlegestelle der Dampferlinien. Heute ist es im Sommer ein Liegeplatz für Sportboote und Ausgangspunkt für Boddenfahrten mit einem kleinen Passagierschiff.

Abendstimmung über der
Having; Blick vom Baaber
Bollwerk nach
Westen zum Burgwall.

Verwendete und weiterführende Literatur:

Adler, F.: Mönchgut. – Greifswald 1936
Autorenkollektiv: Mönchgut – eine
Landschaftsstudie.
Natur- und kulturgeschichtliche Überblicke und
Wanderungen. – Göhren / Greifswald 1990.
Grümbke, J. J.: Streifzüge durch das Rügenland –
In Briefen von Indigena. – Altona 1805.
Rudolph, W.: Die Insel Rügen. Ein Heimatbuch. –
Rostock 1953.

Die Fotos für dieses Buch entstanden zwischen
1980 und 1991. Der Autor dankt allen
Mönchgutern,
die ihn dabei unterstützten.